Sabine Lemire

365 BASTELTAGE

Einfache und kreative Ideen zum Selbermachen

Aus dem Dänischen von Eva Eckinger

Arena

Für Philip, Florian, Manon und Inès.
Danke für all die Inspiration!

365 BASTELTAGE

365 BASTELTAGE ist eine Sammlung kunterbunter Ideen rund um das ganze Jahr, die du entweder für dein Kind oder gemeinsam mit deinem Kind umsetzen kannst.

Gerade wenn man Kinder unterschiedlichen Alters hat, ist es schön, wenn alle bei einer gemeinsamen Aktivität – wie dem Basteln und Gestalten – zusammenkommen. Es ist ein ganz besonderes Gefühl, wenn wir uns miteinander in etwas vertiefen und jeder seinen eigenen Anteil am gemeinsamen Projekt hat. Darüber hinaus ist es immer ein großes Erlebnis, etwas herzustellen, was andere schätzen; etwas, womit man spielen, das man verschenken oder als Schmuck aufhängen kann.

Die Anleitungen in diesem Buch reichen von einfachen bis zu etwas anspruchsvolleren, zeitintensiveren Arbeiten. Es ist für Kinder jeden Alters etwas dabei. Du musst dich nicht immer genau an die Anweisungen halten. Sei einfach kreativ und tausche die Materialien gegen etwas aus, das du sowieso schon zu Hause hast. Vereinfache Dinge, die du zu zeitaufwendig findest, oder baue Ideen ganz nach deinen Vorstellungen aus.

Es macht viel Freude, wenn man seine Werke anschließend auch besonders präsentieren kann. Sucht euch dazu einen passenden Platz auf dem Fensterbrett, im Regal oder an der Wand.

Nehmt mein Buch einfach als ein Nachschlagewerk, wenn ihr etwas zusammen zeichnen, ausschneiden, falten, modellieren, formen, bauen, nähen oder kleben möchtet – das ganze Jahr über, egal ob bei Regen oder bei Sonnenschein.

Viel Spaß!

Sabine Lemire

PS: Ich verwende im Buch das dänische »Du«, das als Anrede für alle bei uns üblich ist.

Inhalt

Zeichenerklärung

 Bohrmaschine

 Decoupagekleber
(zum Beziehen von Ober-
flächen mit Papier – im
Bastelbedarf erhältlich)

 Filzschwamm

 Glas

 Topf

 Hammer

 Teppichmesser

 Lochzange

 Tacker

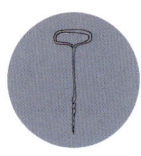 Handbohrer

 Kneifzange

 Messer

 Klebstoff

 Klebepistole für Kinder

 Klebestift

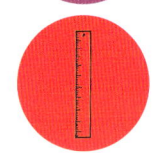 Lineal

Maßband

Nadel

Nadelkissen

Zirkel

Pinsel

Schneebesen

Schere

Sandpapier

Säge

Sicherheitsnadel

Löffel

Strickliesel

Stricknadeln

Bügeleisen

Ahle

Nähmaschine

Die Schablonen befinden sich im letzten Teil des Buches.

001

Puppentorte

Alter: ab 4 Jahren
Materialien: runde Schachtel mit Deckel,
Hobbyfarbe, Tortenkerze mit Halterung,
Glitzerband, Tortenspitze, Kuchendeko
und Streusel

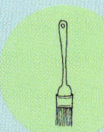  

Bemale die Seiten der Schachtel mit
Querstreifen und klebe die Tortenspitze
an der Unterseite der Schachtel fest.
Nun stichst du mit der Ahle ein Loch
in die Mitte des Deckels und klebst
dort den Kerzenhalter an. Bestreiche
den Deckel mit Klebstoff und streue
Kuchendeko sowie Streusel darauf.
Anschließend wird das Glitzerband um
den Rand der Schachtel geklebt und die
Tortenkerze angezündet.
Herzlichen Glückwunsch, liebe Puppe.

002 Batman-T-Shirt

Alter: Erwachsene
Materialien: T-Shirt, Bügelvlies (doppelseitig aufbügelbar), Bleistift, Filz und Faden (beides schwarz)

Bügle das Vlies auf die Unterseite des Filzes. Lege dazu ein dünnes Baumwolltuch über den Filz, damit er nicht zu heiß wird. Zeichne nun mithilfe der Schablone die Fledermaus auf den Filz. Schneide sie anschließend aus und bügle sie auf das T-Shirt. Damit das Ganze länger hält, solltest du das Motiv an den Kanten mit Nadel und Faden festnähen (an der Nähmaschine am besten mit Kreuzstich).

003 Papier**flieger**

Alter: ab 4 Jahren
Materialien: ein bemaltes DIN-A4-Blatt,
Klebeband (gestreift)

Falte aus dem Blatt nach der Anleitung den
Papierflieger. Befestige das Klebeband als
Schmuck am hinteren Teil des Flugzeugs.

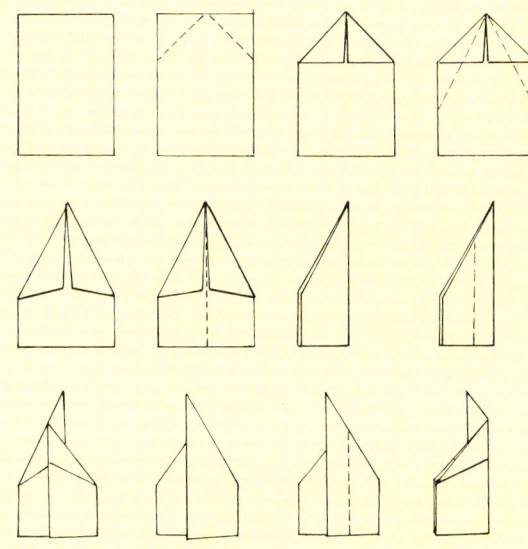

004 Eierkartonvogel

Alter: ab 3 Jahren
Materialien: ein Eierkarton
und Hobbyfarbe

Schneide den Deckel des Eierkartons ab. Lasse dabei an der Seite die Flügel stehen. Male nun in die zwei obersten Vertiefungen die Augen und dazwischen den Schnabel. Den Rest des Vogels kannst du bunt gestalten.

005 Zeitungshut

Alter: ab 4 Jahren
Falte den Hut aus Zeitungspapier nach der Anleitung.

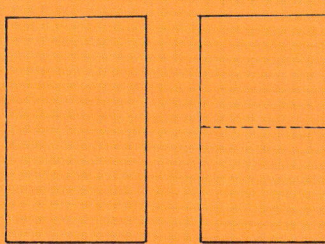

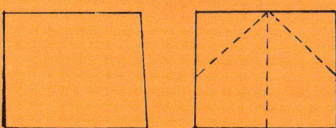

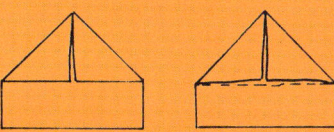

UMDREHEN

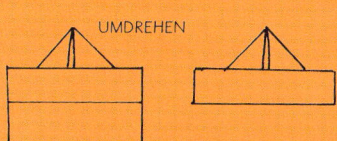

006 Hausschuhe

Alter: Erwachsene
Materialien: Hausschuhe,
Stoffrest und Faden

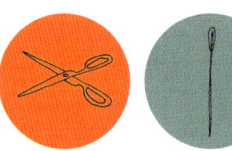

Es ist für kleine Kinder oft nicht ganz leicht, im Kindergarten ihre eigenen Hausschuhe zu erkennen. Nähe deshalb in die Schuhe einen gemusterten Stoff. Schneide den Stoffrest gemäß den Umrissen der Schuhe aus. Lege den Stoff als Sohle in die Hausschuhe hinein und nähe ihn an den Rändern rundherum fest. Die Sohle muss nicht ganz bis an die Schuhspitze gehen, denn es ist schwierig, sie ganz im Inneren des Schuhes festzunähen.

007
Eisstiel-
turm

Alter: ab 2 Jahren
Materialien: Eisstiele

Klebe die Eisstiele kreuz und quer
so zusammen, dass sie am Ende
einen hohen Turm bilden.

008
Stöckchenmann

Alter: ab 3 Jahren
Materialien: Pappe, Knöpfe,
Schraubverschluss, Stöckchen,
Teelicht, Federn und anderer
Krimskrams

Suche nach lustigen Dingen, die
man zu Figuren zusammenkleben
kann. Kinder erkennen bei Krimskrams oft sehr schnell, was man
daraus machen kann. Stöckchen
sind gut als Körper und Arme der
Figuren geeignet. Gebrauchte
Deckel und Knöpfe lassen sich als
Sockel verwenden. So hat die Figur
einen festen Stand.

009 Bügelperlen-Dekoration

*Alter: ab 2 Jahren
(Hinweis: Bügeln sollte ein
Erwachsener.)
Materialien: Bügelperlen,
Stiftplatten für die Perlen,
Backpapier und Gummiband*

Setze die Perlen im gewünschten Muster auf die Stiftplatte. Lege ein Backpapier darüber und bügle die Figur gleichmäßig etwa 1–2 Min. bei mittlerer Hitze, bis die Perlen miteinander verschmolzen sind. Zieh das Papier ab und lasse die Figur abkühlen. Nimm sie von der Platte. Fädle nun eine Perlenkette auf und hänge die Figuren in Abständen dazwischen.

OIO

Alter: Erwachsene
Materialien: ein Stück
Luftpolsterfolie (22 x 50 cm),
Nähgarn und 1,5 m Schrägband

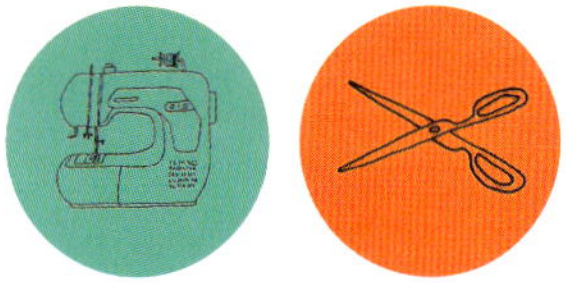

Falte die Folie in der Mitte und
nähe die Seiten zusammen. Befestige das Schrägband an der Ober-
kante der Tasche: Nähe das Band
erst von der einen Seite her fest
und wende die Tasche nach außen.
Falte dann das Band um die Kante
herum und nähe es von außen fest.
Für die Tragegriffe noch einen Meter
Schrägband doppelt legen und zu
einem Strang von 0,5 m zusammennähen. Den Strang in zwei Stücke
(je 25 cm) schneiden und die Griffe
am Taschenrand festnähen.

Knister-
tasche

011 Streifen**kissen**

Alter: ab 3 Jahren /
Erwachsene
Materialien: 2 Geschirrtücher
mit lockeren Maschen,
Stickgarnreste, Nähgarn und
Füllkissen

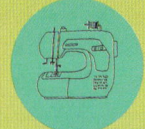
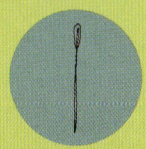

Webe mit dem Stickgarn Streifen in die Lücken
der Geschirrtücher.
Haben die Tücher schließlich viele Streifen, kann
man sie in ein Kissen verwandeln: Die Tücher
rechts auf rechts legen und drei Kanten zusammennähen. Nun das Ganze wenden, ein Füllkissen
in den Bezug legen und abschließend auch die
letzte Seite zusammennähen.

012 Lerne die Uhr

Alter: ab 6 Jahren
Materialien: Pappe, Papier
(gemustert), Rest Fotokarton
(schwarz), Musterklammer und
Filzstift (schwarz)

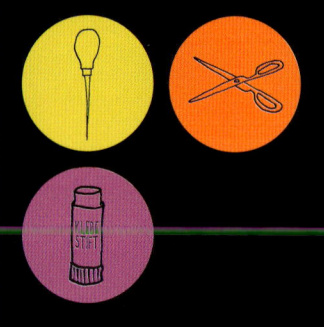

Klebe das Papier auf die Pappe
und zeichne mithilfe eines
Tellers einen Kreis darauf.
Schneide ihn aus und schreibe
die Zahlen auf das Zifferblatt.
Dann aus dem schwarzen Karton zwei spitze Zeiger (etwa
7 mm breit) schneiden und
ein kleines Loch in je ein Ende
stechen. Zum Schluss für die
Musterklammer ein Loch in die
Mitte der Uhr stechen und die
Zeiger befestigen.

Eine Spielstadt

Alter: ab 5 Jahren
Materialien: 2 Bogen Fotokarton
(schwarz), Bleistift und Schablone
(hinten im Buch)

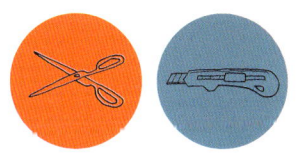

Zeichne mithilfe der Schablone die
Stadtsilhouette auf den Karton. Schneide
sie erst im Ganzen und anschließend die
Details aus. Klebe beide Kartons an einer
Seite mit Klebeband zusammen, damit
du sie rechtwinklig aufstellen kannst.

014 Nudelkette

Alter: ab 3 Jahren
Materialien: Nudeln und Gummiband

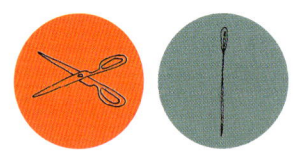

Fädle die Nudeln mit einer Stopfnadel auf das Gummiband. Wenn die Kette fertig ist, bindest du sie so zusammen, dass sie bequem über den Kopf passt.

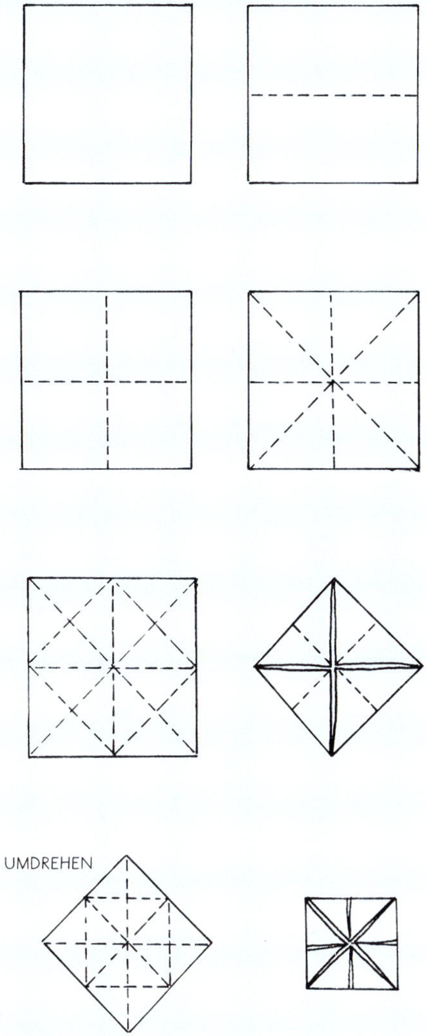

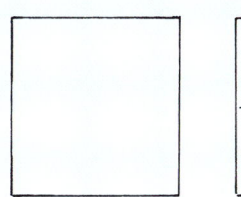 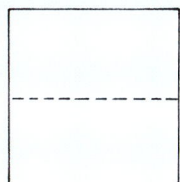

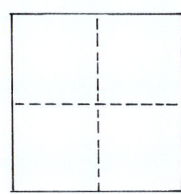 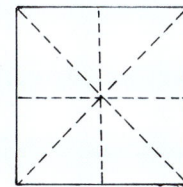

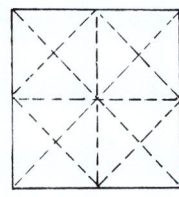 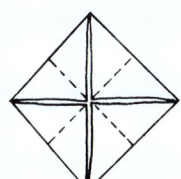

015 Himmel
und Hölle

UMDREHEN

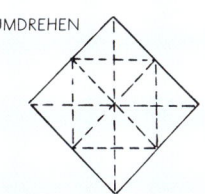

Alter: ab 5 Jahren
Materialien: quadratisches Papier und Farben

Falte Himmel und Hölle (s. rechts). Schreibe nun kleine Aufgaben oder lustige Nachrichten unter die gefalteten Ecken. Zum Beispiel: »Hüpfe zehn-mal, laufe einmal rund ums Haus.«

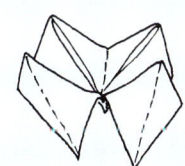  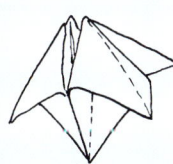

016 Zirkus

Alter: ab 8 Jahren
Materialien: Fotokarton (rot und weiß),
farbiger Papierrest, 1 Zahnstocher,
2 Perlen, wasserfester Stift (grün),
Klebstoff, Wellpappe, Glitzerpompon,
grünes glänzendes Papier,
2 Plastikverschlüsse und Schablonen

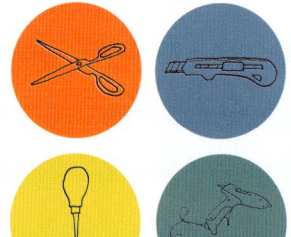

Dach:

Zeichne mithilfe einer Schüssel einen großen Kreis auf den weißen Karton. Schneide ihn aus und falte ihn zweimal, sodass er in Viertel geteilt ist. Danach noch dreimal falten, sodass du 16 »Kuchenstücke« siehst. Schneide zwei der Kuchenstücke aus.

Verwende eines als Schablone für sieben rote Kuchenstücke. Schneide sie aus und klebe sie auf den weißen Kreis. Das ist das Dach. Füge es zusammen, indem du ein Kuchenstück unter ein anderes klebst.

Flagge:

Schneide aus buntem Papier eine Flagge, klebe sie an einen Zahnstocher und befestige oben eine Perle. Stecke die Flagge auf das Dach. Damit sie festsitzt, klebst du die andere Perle ans untere Ende des Zahnstochers, also innen in das Dach hinein.

Zirkuswand:

Schneide einen Streifen Well-pappe (ca. 16 cm Höhe) zurecht. Der Umfang sollte etwas kleiner als der Umriss des Daches sein, damit das Dach überlappt. Schneide als Eingang eine kleine Öffnung aus und befestige darüber einen Glitzerpompon als Schmuck. Klebe die Pappe nun als Ring zusammen. Lege das Dach obenauf.

Podest:

Klebe die zwei Plastikverschlüsse aufeinander. Male grüne Streifen darauf und klebe grünes Papier obenauf. Zum Schluss eine Tier-figur darauf festkleben. (Oder bohre ein kleines Loch in die Mitte des Verschlusses und ste-cke einen Zahnstocher mit Muf-findeko hinein.)

017 Elefant

Alter: 3 Jahre
Materialien:
Fotokarton und
Schablone

Falte den Karton. Zeichne entlang der Falte mithilfe der Schablone einen Elefanten sowie seine Ohren. Schneide beides aus und klebe die Ohren am Elefanten fest. Für die Augen knipst du mit der Lochzange Löcher.

018
Körnerbild

Alter: ab 2 Jahren
Materialien: Pappe,
Blatt Papier, Bohnen,
Körner und Samen

Klebe ein Blatt Papier auf eine dicke Pappe. Streiche mit einem Pinsel Klebstoff auf Pappe und streue anschließend Samen, Körner und Bohnen so darauf, dass ein Muster oder Motiv entsteht.

Alter: Erwachsene
Materialien: kleine Schachtel, Papier
(gemustert), 2 Stöckchen als Achsen,
4 Räder, 4 Perlen (passend zur Dicke der
Stöckchen), ein Stück Stoff (11 x 110 cm),
ein Stück Filz (11 x 33 cm), Füllwatte,
1 Pfeifenreiniger, Nähgarn, 70 cm Schnur
und 2 Filzkugeln oder Perlen

Schachtel:

Schneide das Papier nach den Schachtelmaßen aus und beziehe die Schachtel damit. Knipse für die Räder mit der Lochzange vier Löcher in die Seiten der Schachtel und stecke die Stöckchen hindurch. Schiebe nun die Räder sowie Perlen darauf. Klebe die Perlen mit der Klebepistole direkt an den Rädern fest. Schneide überstehende Enden der Stöckchen ab. In die Vorderseite der Schachtel ein Loch bohren und eine Schnur hindurchfädeln.

Schnecke:

Schneide den Filz in zwei Stücke (10 x 11 cm und 23 x 11 cm). Nähe das große Filzstück mit dem Stoff zu einer langen Bahn zusammen. Nähe daraus eine lange Rolle. Verschließe die Rolle am Filzende, indem du sie spitz zusammennähst. Drehe sie um und stecke die Füllwatte hinein. (Das geht gut mit einer Stricknadel.) Nähe dann auch die zweite Öffnung zu. Rolle das Ganze nun zu einer Spirale und vernähe die einzelnen Lagen mit einer langen Nadel.
Als Hinterteil nun das kleine Stückchen Filz zu einer kurzen Rolle mit spitzem Ende nähen (Füllung wie oben). Klebe die Schnecke mit der Klebepistole an der Schachtel fest. Knipse mit der Lochzange ein Loch in den Kopf, ziehe ein Stückchen Pfeifenreiniger durch und klebe an die Enden die Filzkügelchen.

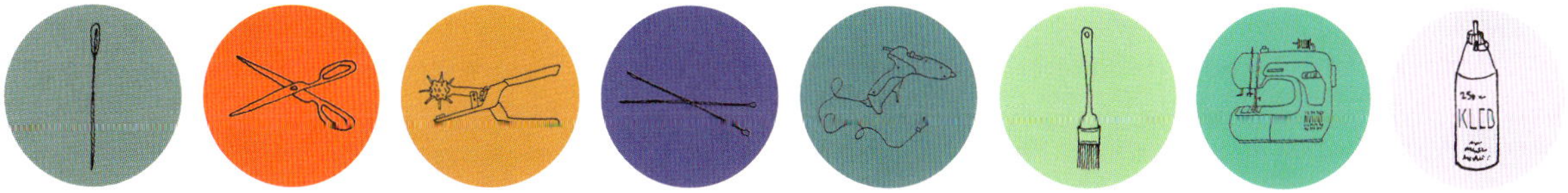

019

Rennschnecke

      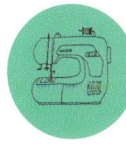 

020 Fotobuch fürs Baby

Alter: Erwachsene
Materialien: Papier, Buchschraube,
Etikettenpapier für den Drucker sowie
Aufkleber

Wähle ein hübsches Papier. Knipse mit der Lochzange Löcher in die Ecken der einzelnen Blätter und hefte sie mit einer Buchschraube zusammen. Drucke deine schönsten Kinderbilder auf Etikettenpapier aus, klebe sie ins Buch und schmücke die Seiten zum Schluss mit hübschen Aufklebern.

021 Pompon söckchen

Alter: Erwachsene
Materialien: Söckchen,
Nähgarn und Pompons

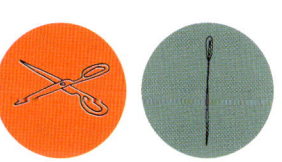

Schmücke normale Söckchen, indem du einfach Pompons annähst. Wie du selbst Pompons herstellen kannst, erfährst du unter Idee 253.

Mobile

Alter: Erwachsene
Materialien: Filz, Stoffreste, Vliesband
(doppelseitig klebend), Faden und
Schablone

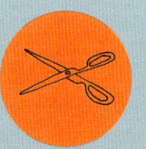 

Bügle zwei Stücke deiner Stoffreste (dazwischen das Vliesband
legen) aufeinander. Zeichne Kreise
darauf und schneide sie aus.
Dann auf den Filz Zweige mit Blät-
tern zeichnen. Das darf gerne ein
bisschen ungleichmäßig sein (siehe
auch die Schablone). Schneide die
Zweige aus und nähe die Stoffkreise
daran fest. Bastle Zweige in verschiedenen Längen und fasse sie oben
mit ein paar Stichen zusammen.
Dieses Mobile ist ein hübscher
Schmuck über dem Wickeltisch.

Alter: ab 4 Jahren
Materialien: Bügelperlen (Midi und Mini), Stiftplatte für die Perlen, Plastikhaarreif und Backpapier (Hinweis: Bügeln sollte ein Erwachsener.)

Lege das gewünschte Motiv auf die Stiftplatte. Bügle das Ganze, bedeckt mit Backpapier, bis die Perlen miteinander verschmolzen sind. (Siehe auch Idee 009.) Bestreiche den Reif mit Klebstoff und tauche ihn in Perlen. Gib nun nach und nach abwechselnd Klebstoff und weitere Perlen darauf, sodass der Reif dicht bedeckt ist. Bestreiche zum Schluss die Rückseite des Perlenmotivs mit Klebstoff und befestige es am Reif.

023 Perlenhaarreif

024 Memospiel

Alter: ab 2 Jahren
Materialien: Papier (gemustert), Pappe, je
2 identische Fotos von 12 verschiedenen
Tieren, Bleistift sowie eine Dose mit Deckel
zum Aufbewahren des Spiels

Zeichne, etwa mithilfe eines Glases, 24 Kreise auf die Pappe und schneide sie aus. Beklebe eine Seite der Pappe mit gemustertem Papier. Schneide nun die Tierbilder gemäß der Größe der Kreise aus und klebe sie auf die andere Seite der Spielkarten. Dekoriere die Spieldose mit weiteren Tieren und dem gemusterten Papier.
Spielregel: Die Karten mit der Rückseite nach oben ausbreiten. Jeder Spieler darf reihum zwei Karten auf einmal umdrehen. Zwei gleiche werden als Stich gezählt. Gewonnen hat, wer die meisten Stiche gesammelt hat.

Filzpinguin

Alter: ab 5 Jahren
Materialien: gekämmte Wolle in den Farben
Weiß, Grau und Schwarz, Filzschwamm
sowie 2 Pfeifenreiniger (schwarz)

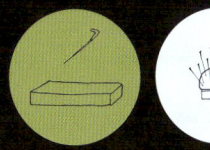

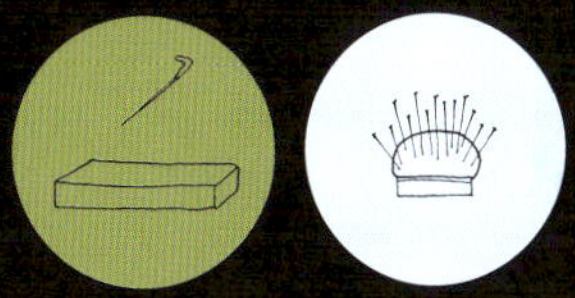

Der Kopf:

Nimm ein kleines Stückchen der weißen
Wolle. Forme eine Kugel daraus, indem du
die Filznadel viele Male hindurchstichst.
(Als Unterlage brauchst du einen Filzschwamm.) Wenn die Kugel rund genug
ist, stichst du die schwarze Wolle so
hinein, dass es am Ende wie ein Pinguin
aussieht. Als Augen verwendest du zwei
kleine Stückchen graue Wolle.

Der Körper:

Forme genauso einen weißen Pinguinkör-
per. Stich auch hier schwarze Wolle um
den Körper herum, lasse sie aber als Flos-
sen an der Seite etwas lockerer abstehen.
Befestige anschließend mit der Nadel den
Kopf am Körper. Stecke die zwei Pfeifenreiniger als Beinchen hinein und biege sie
zu Füßen mit je drei Zehen.

Meine eigene Maske

Alter: ab 3 Jahren
Materialien: Pappe, Bastelfarben und Papiertrinkhalm

Zeichne einen Kopf auf ein großes Stück Pappe und schneide ihn aus. Klebe nun einen langen Trinkhalm an die Rückseite.

027 Drache

Alter: ab 4 Jahren
Materialien: Fotokarton
(schwarz) und Lackstift /
Buntstift (weiß)

Falte den Fotokarton halb und zeichne einen Drachen
auf. Lasse die Zeichnung bis an die Faltkante reichen,
damit der Drachen am Rücken zusammenhängt.
Schneide ihn aus und bemale ihn wild.

028 Herd

Alter: Erwachsene
Materialien: 2 Umzugskartons, ein Stück transparente Folie und Bleistift

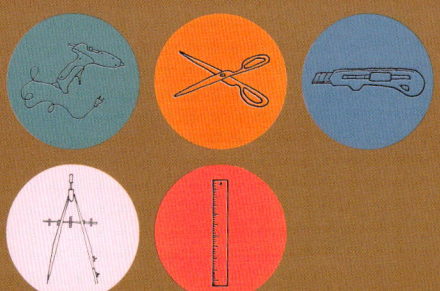

Zuerst die Ofenöffnung (30 x 32 cm) in eine Längsseite des Umzugskartons schneiden. Für die Tür aus dem anderen Karton den Teil mit dem Tragegriff herausschneiden (Maße: 30 x 36 cm). Die 4 cm Überlänge faltet man in den Ofen hinein. Schneide nun ein Loch (17 x 24 cm) in die Tür und klebe die Folie dahinter. Dann die Tür unten an der Ofenöffnung festkleben.

Für die Schalter ein Stück Pappe (30 x 8 cm) zurechtschneiden und fünf kleine Scheiben daraufkleben. Als Griffe 7 mm breite Pappstreifen hochkant aufkleben.

Für die Herdplatten eine Grundfläche ausschneiden (etwas kleiner als der Herd und mit runden Ecken). Mit einem Zirkel vier Kreise (verschiedene Größen) auf Pappe zeichnen, ausschneiden und auf die Fläche kleben. Dann alles am Herd befestigen.

Als Backblech aus dem zweiten Karton ein Stück herausschneiden, das genau in den Ofen passt, und in der Ofenmitte festkleben.

Muffin aus Filz

Alter: Erwachsene
Materialien: Filzreste, Watte, ein Muffinförmchen, Schnur und Schablone

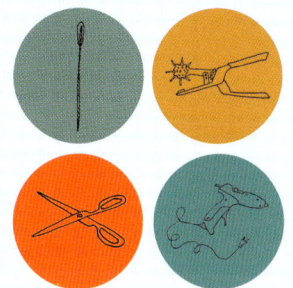

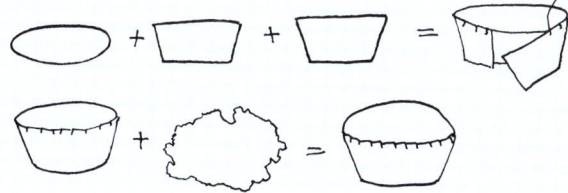

Schneide den Filz nach der Schablone zu. Nähe die Seiten des Muffins zusammen. Nähe nun die runde Oberfläche fest und fülle den Muffin mit Watte. Setze ihn ins Förmchen.

Für die Streusel knipst du nun mit einer Lochzange ganz viele kleine Löcher in ein Stück Filz. Bestreiche den Muffin mit etwas Klebstoff und streue die ausgestanzten Filzkrümel darauf.

030 Das erste Mal, als ich …

Alter: Erwachsene
Materialien: Notizbuch, Buchstabenstempel mit
Stempelkissen, Bleistift, Filzstift (orange) und
Sternchenaufkleber

Bastle dir für all die Erinnerungen mit deinem Kind ein
Tagebuch. Stemple als Titel: »Das erste Mal, als ich …«
Lege Sternchenaufkleber auf und zeichne die Umrisse mit
Bleistift nach. Male die Sterne mit buntem Filzstift aus.

Notiere z.B.:

Das erste Mal, als ich …
lächelte · mich selbst gedreht habe .
· selbst saß · selbst aufgestanden bin .
· krabbelte · den ersten Schritt machte .
· Papa/Mama gesagt habe · Kinder-
fernsehen sah · auf dem Spielplatz war .
· die Haare geschnitten bekam · im
Schwimmbad war · bei einem Freund zu
Hause war

Lätzchen

Alter: Erwachsene
Materialien: Frottee mit
Plastikrückseite, Nähgarn,
Schrägband (1,5 m) und Schablone

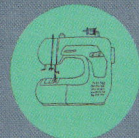 

Schneide den Frottee gemäß der Schablone aus. Nähe das Schrägband an den Rändern des Lätzchens fest. Fange beim Halsausschnitt an! Das Band wird zuerst von der Rückseite her angenäht, dann um den Rand gelegt und von der Vorderseite festgenäht. Lasse an jeder Seite ca. 35 cm Schrägband überstehen, um das Lätzchen zusammenzubinden.

032 Windrad

Alter: ab 4 Jahren
Materialien: Holzstöckchen,
Kartonrest (25 x 25 cm) und
Nagel mit Kopf

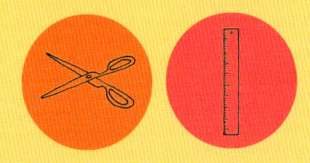

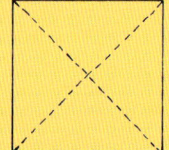  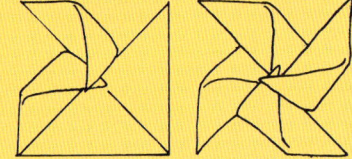

Nimm das Kartonquadrat und zeichne ein Kreuz von Ecke zu Ecke. Schneide das Quadrat an allen vier Ecken 15 cm ein. Stich in die Mitte ein kleines Loch. Biege nun die Spitzen in die Mitte und stich dort ebenso kleine Löcher hinein. Stecke einen Nagel durch alle Löcher und hämmere ihn am Holzstöckchen fest. Achte darauf, dass sich das Rad leicht drehen lässt.

033 Spielzeugkiste

Alter: ab 4 Jahren
Materialien: Pappschachtel und Zeitschriften

Schneide aus den Zeitschriften viele verschiedene Bilder aus. Bestreiche die Pappschachtel mit Decoupagekleber und ziehe die Bilder auf. Wenn die Schachtel komplett mit Bildern bedeckt ist, streichst du noch eine letzte Schicht Klebstoff als Versiegelung darüber.

034
Zauberstab

Alter: ab 5 Jahren
Materialien: Röhrchen einer
Vanilleschote, Glitzer und Pailletten

Fülle Glitzer sowie Pailletten ins Röhrchen und klebe den Deckel fest. Passe ein bisschen auf, wenn mit dem Zauberstab gespielt wird, da das Röhrchen aus Glas ist. Falls vorhanden, nimm ein Röhrchen aus Kunststoff.

Zauber**hut**

Alter: ab 5 Jahren
Materialien: Glitzer-Moosgummi,
Nähgarn, Bleistift und Gummiband
(schwarz)

 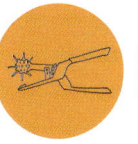 

Zeichne einen Halbkreis in die Ecke des Moosgummis und schneide ihn aus. Er sollte 22,5 cm hoch werden. Nähe ihn nun mit der Nähmaschine zu einer spitzen Tüte zusammen. Stich zwei kleine Löcher in die Seiten der Tüte und ziehe das Gummiband hindurch.

036 Korbstuhl

Alter: Erwachsene

Stuhl:

Materialien: ein Korbstuhl, 0,5 l gelbe Farbe und 0,75 l rosa Farbe

Befreie den Stuhl gründlich von Staub und Dreck. Bestreiche nun den Stuhl am besten ein paar Mal mit einer jeweils dünnen Schicht rosa Farbe, da diese leicht vom Korbgeflecht tropft. Bemale die Stuhlbeine gelb.

Kissen:

Materialien: Rasterpapier, Stoff, Polsterwatte, Nähgarn, Bleistift, Glitzer-Textilfarbe, transparente selbstklebende Buchfolie und Schablone

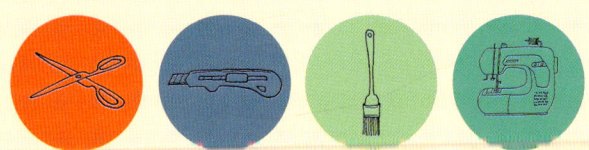

Lege ein Stück Rasterpapier auf die Sitzfläche des Stuhls, zeichne die Form mit Bleistift nach und schneide sie aus. Schneide nun gemäß dem Umriss zwei Stücke Stoff und ein Stück Polsterwatte zu. Gib beim Stoff für den Saum 1 cm zu.

Zeichne mit der Schablone fünf Sterne auf die Buchfolie und schneide sie mit dem Teppichmesser aus. Klebe die Folie auf den Stoff und ziehe die Sternumrisse mit Glitzerfarbe nach. Ziehe die Folie ab, male die Sterne aus und lasse die Farbe trocknen. (Die Stoffrückseite bügeln, damit die Farbe fixiert wird.)

Lege den Stoff rechts auf rechts und nähe ihn an den Seiten zusammen. Lasse dabei eine Öffnung von ca. 10 cm. Wende nun das Kissen und bügle es. Fülle die Polsterwatte hinein und nähe die Öffnung zu.

037

Alter: ab 6 Jahren
Materialien: dicker Basteldraht,
Tapeten in verschiedenen Farben (z. B.
auch mit Blümchen) und Bleistift

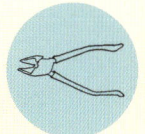  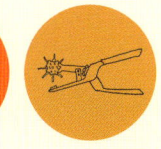

Schneide für die Stiele ca. 25 cm
lange Stücke vom Basteldraht ab.
Schneide aus der Tapete Blumen
aus. Dabei kannst du sowohl ein-
zelne Blütenblätter als auch Kreise
ausschneiden, die du dann in Blu-
menform bringst. Stich ein kleines
Loch in die Blätter und stecke sie auf
den Drahtstiel. Drehe zum Schluss
die Enden des Drahtes ein, damit
die Blütenblätter nicht abfallen.

Tapetenblumen

038 Diadem

Alter: ab 6 Jahren
Materialien: Stoffwindel, Polsterwatte
(15 cm), Textilfarbe (Schwarz),
Nähgarn, Hosengummi (25 cm),
Perlen, Pailletten und Schablone

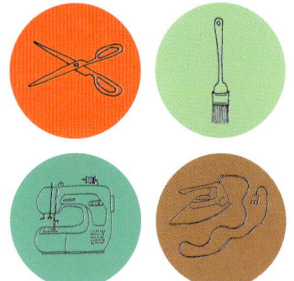

Schneide mit der Schablone zwei Diademe aus der Stoffwindel und eins aus der Polsterwatte. Male mit einem Pinsel ein Muster auf das eine Diadem. Lasse die Textilfarbe trocknen und bügle zum Fixieren von der Rückseite darüber. Nähe ein paar Perlen und Pailletten an. Lege die Diademe, mit der Polsterwatte dazwischen, übereinander und vernähe die Ränder. Nun misst du den Kopfumfang des Kindes und schneidest ein passendes Stück Gummi zu. Nähe den Gummi an den Seiten des Diadems fest.

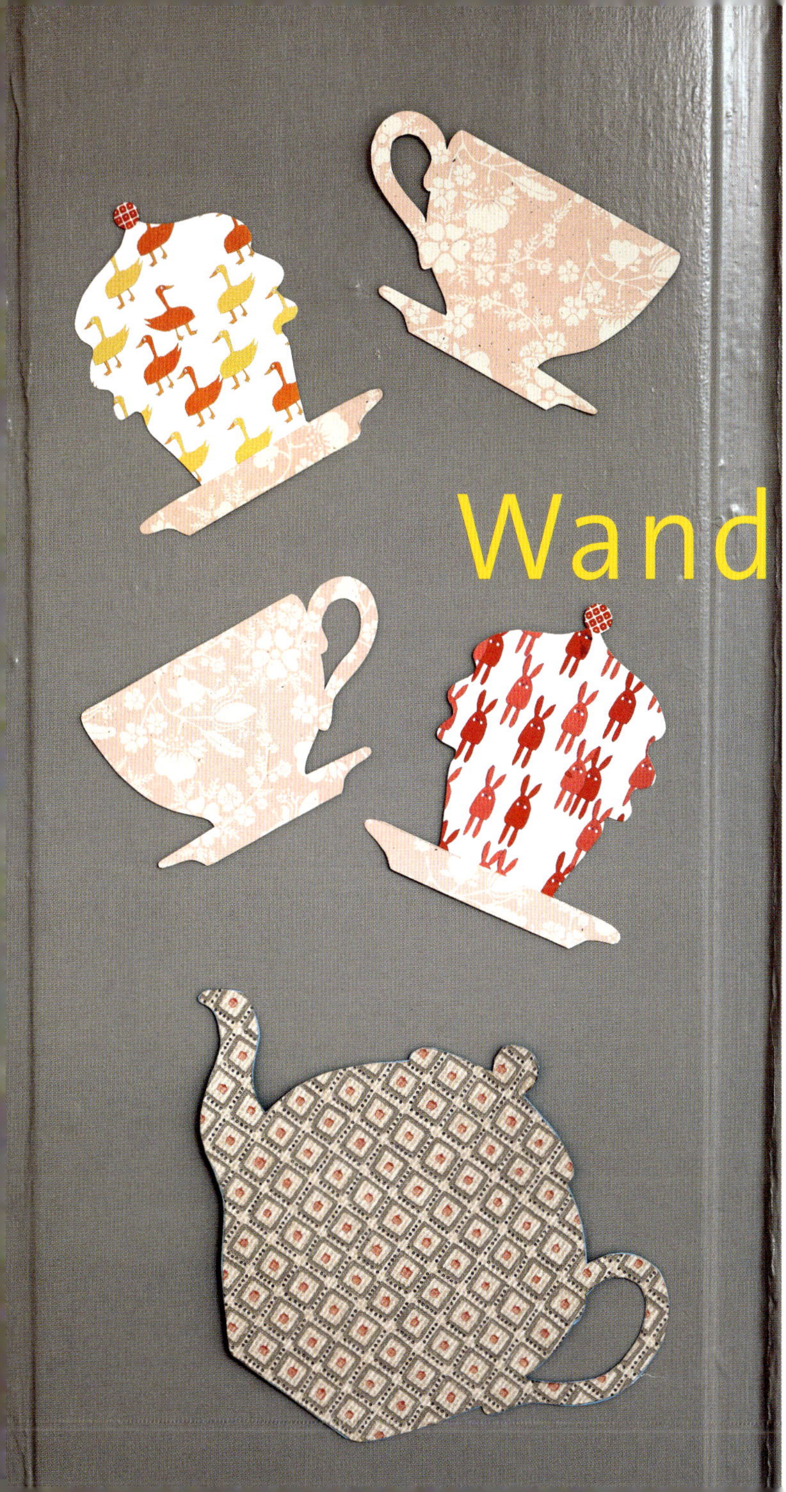

Wandaufkleber

Alter: ab 8 Jahren
Materialien: Tapetenreste, Tapetenkleister
und Schablone

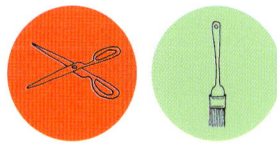

Zeichne mithilfe der Schablonen Tassen, Teekannen und Cupcakes auf die Tapete. Schneide sie aus. Rühre den Tapetenkleister wie in der Packungsanleitung angegeben an. Trage ihn mit einem Pinsel auf die Rückseite der Figuren auf und lasse ihn ein paar Minuten einziehen, bevor du die Motive an die Wand klebst.

Der verlorene Finger

Alter: ab 4 Jahren
Materialien:
Streichholzschachtel,
Watte und rote Tinte

Schneide eine Lücke für den Finger in die Stirnseite der Streichholz-»Schublade«. Lege den Boden mit Watte aus und beträufle die Watte nun mit etwas roter Tinte.

041

Alter: ab 4 Jahren
Materialien: 2 leere Klopapierrollen
(oder 1 leere Haushaltsrolle), etwas
Wellpappe und Papier (silberfarben)

Klebe die Klopapierrollen zusammen. Schneide aus der Pappe drei Stand-füße für die Rakete aus. Schneide aus einer Ecke des silberfarbenen Papiers einen Viertelkreis (ca. 12 cm hoch) aus. Rolle das Papier zu einer Tüte und klebe sie zusammen. Streiche Klebstoff an den Rand der Tüte und setze sie auf die Rakete. Klebe zum Schluss die Füße an der Rakete fest.

Papprakete

Pilzspardose

Alter: ab 6 Jahren
Materialien: Filz (rot, weißgrau),
Nähgarn und Schablone

Schneide mithilfe der Schablone aus dem roten Filz zwei Pilzhüte und aus dem weißgrauen Filz zwei Füße aus. Nähe die zwei gleichen Teile jeweils zusammen und klebe den Fuß des Pilzes am Hut fest. Nähe die Seiten des Pilzes zusammen und lasse ganz oben ein kleines Loch als Schlitz für die Münzen. Verziere die Kappe mit etwa 20 hellen, aufgeklebten Filzpünktchen.

043

Alter: ab 5 Jahren
Materialien: Fotokarton (schwarz,
weiß, orange), Filzstift (schwarz),
Wattekugel und Schablone

Klebe ein Stück schwarzen Karton
(6 x 9 cm) zu einem 6 cm hohen Rohr.
Schneide aus weißem Karton eine
längliche Tropfenform aus und klebe
sie darauf. Schneide mithilfe der
Schablone zwei kleine Füße zurecht
und klebe sie unten an. Bemale die
Wattekugel schwarz und klebe sie
auf das Rohr. Schneide gemäß der
Schablone den Schnabel aus, falte
ihn mittig und klebe ihn an. Schneide
zum Schluss weiße Augen aus, male
schwarze Pupillen hinein und klebe
sie auf den Pinguinkopf.

Pinguin

Aufstellfigur

Alter: ab 4 Jahren
Materialien: Papprest, Stoffreste,
Farbe und Glitzerkleber

Zeichne eine Figur auf Pappe.
Schneide sie aus und beklebe
sie mit Stoffresten. Dekoriere
sie außerdem mit Glitzerkleber. Schneide ein Dreieck aus
Pappe zurecht und klebe es
unten an die Rückseite, damit
du die Figur aufstellen kannst.

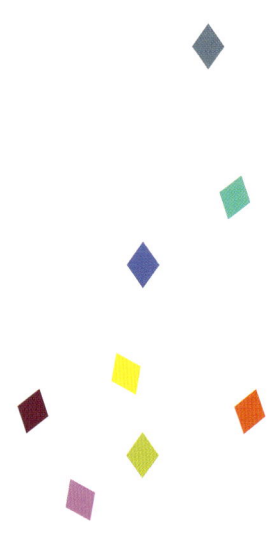

045 Vergoldete Kunst

Alter: alle
Materialien:
Zeichnung, goldenes
Schokoladenpapier, Pappe

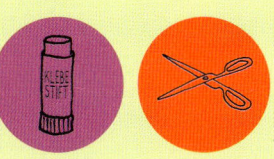

Wer etwas Schönes gezeichnet hat, möchte es auch
hübsch präsentieren. Schneide passend zur Zeichnung
Goldpapier aus und klebe es um sie herum. Verstärke die
Zeichnung, indem du sie zusätzlich auf Pappe aufziehst.

046 # Tankstelle
mit Parkdeck

Alter: ab 6 Jahren
Materialien: Schuhschachtel,
Wellpappe, Streichholzschachtel,
ein Stück Pappe, Hobbyfarbe,
weißes Papier, 4 Silberperlen und
Gummischnur (2 x 10 cm)

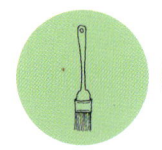

Parkdeck:

Klebe den Deckel umgekehrt auf
die Schachtel. Schneide zwei Löcher
(7 x 9 cm) als Einfahrten in die Seite.
Schneide dann eine Ausfahrt von
7 cm in die eine Seite des Deckels.
Als Abfahrt schneidest du ein Stück
Pappe aus (7 cm breit plus Ränder, 22 cm lang). Klebe sie an und
bemale die Garage.
Bemale das Dach schwarz. Teile
dann Parkplätze ein, indem du 7 cm
lange Streifen Papier mit einem Zwischenraum von ca. 5 cm aufklebst.
Schneide aus Wellpappe einen
Namen aus, bemale die Buchstaben
und klebe sie an. Als Tore zwei Stück
Wellpappe (8 x 9 cm) ankleben.

Tanksäule:

Bemale eine Streichholzschachtel
und stich oben und in die Seiten
zwei Löcher. Klebe ein kleines Stück
Wellpappe auf die Vorderseite. Setze
zwei Perlen auf ein Ende jeder Gummischnur und klebe die Schnüre in
den Löchern fest. Zum Schluss wird
die Säule an der Garage festgeklebt.

047 Initialen

*Alter: ab 6 Jahren
Materialien:
Buchstaben aus
Pappe, Donald-
Duck-Heft*

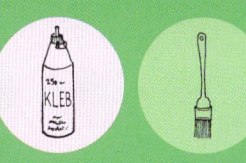

Reiße kleine Stü-
cke aus dem Heft.
Klebe sie auf die
Buchstaben, bis
sie ganz damit
bedeckt sind.

Alter: ab 4 Jahren
Materialien: Wachskerzen
in verschiedenen Farben,
Streichhölzer und Faden

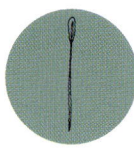 

Lasse Kerzenwachs in verschiedenen Farben in ein Glas Wasser tropfen, bis sich eine Platte gebildet hat. Wenn das Wachs fest geworden ist, nimmst du es aus dem Wasser. Dann stichst du mit einer Nadel ein kleines Loch hinein, damit du das Ganze an einem Faden aufhängen kannst. Tipp: Lasse das Wachs am besten draußen im Freien ins Wasser tropfen, da es etwas dampfen kann.

Schmuck aus
Kerzenwachs

049

Alter: ab 5 Jahren
Materialien: Papier,
Farben, 4 Perlen, Pappe
einer Pralinenverpackung,
4 Tischbeine von einem
Puppentischchen sowie
Styropor-Chips

Schneide zwei Stücke aus
der Pralinenverpackung
für die Böden des Bettes
zurecht und klebe sie mit
den Tischbeinen zusam-
men. Befestige die Perlen
mit Klebstoff unterm Bett.
Schneide Decken aus Papier
aus und klebe Kissen aus
Verpackungsmaterial auf
die Betten. Zeichne nun
noch Figuren, die im Bett-
chen schlafen können, und
schneide sie aus.

Stockbett

050 Zahnfee

Alter: Erwachsene
Materialien: Pappe (z. B. von altem
Kalender), gemustertes Papier,
Streichholzschachtel und Schnur

Die Fee:

Schneide aus dem gemusterten Papier
Teile aus und füge diese zu einer Fee
zusammen. Klebe sie auf die Pappe
und schneide sie aus. Stich oben ein
kleines Loch hinein und ziehe eine
Schnur zum Aufhängen hindurch.

Schachtel für die Zähne:

Beziehe eine Streichholzschachtel mit
Papier und beklebe sie mit dem Wort
ZAHN (auch aus Papier ausschneiden).
Dann die dekorierte Schachtel auf die
Zahnfee kleben.

Alter: Erwachsene
Materialien: T-Shirt oder anderes
Oberteil, Stoffrest, Bleistift,
Vliesband (doppelseitig klebend),
Nähgarn und Schablone mit
Zahlen und Buchstaben (in
Bastelgeschäften erhältlich)

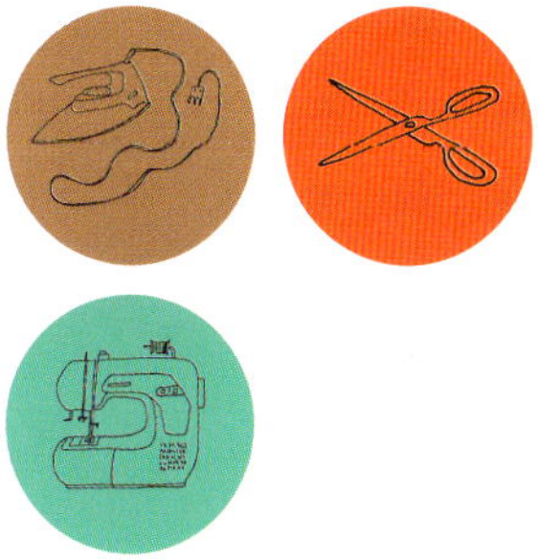

Zeichne, evtl. mithilfe von Schablonen, Zahlen und Buchstaben
spiegelverkehrt auf das Vliesband. Bügle das Vliesband auf die
Rückseite des Stoffes. Schneide
die Motive aus und bügle sie von
beiden Seiten gut auf das Oberteil. Vernähe evtl. auch noch die
Ränder, damit das Motiv besonders lange hält.

051
Geburtstagsshirt

052 Gemeinschaftsbild

Alter: alle

Zeichnet gemeinschaftlich ein Bild, auf das alle Kinder etwas
malen dürfen. So eine Zeichnung ist ein wunderbares Geschenk
für Eltern und Großeltern.

053

Haar-spange

Alter: ab 5 Jahren
Materialien: Haarspange,
Tüll, Miniperlen, Schmuck-
draht (15 cm) und
Glitzerkleber

Fädle auf das Drahtstück Perlen über 8 cm Länge. Wickle die Perlen nun zu einem kleinen Knoten und lasse hierbei die Enden des Drahtes hervorstehen. Lege den Tüll in sechs Schichten aufeinander und schneide einen Kreis aus. Fädle nun die Tüllkreise auf den Draht und wickle den Draht um die Haarspange herum. (Biege die Drahtenden so um, dass sie später nicht pieksen.) Schneide Kerben in den Tüll, damit es wie eine Blume aussieht. Abschließend versiehst du die Tüllränder mit Glitzerkleber.

054 Die kleine Küche

Alter: ab 2 Jahren

Richte in der Küche eine Miniküche zum Spielen ein. Dieser Schrank ist mit verschiedenen Tapeten beklebt: Man kann Spielzeugessen und kleine Küchengeräte hineinräumen. Bastle evtl. einen Herd (Idee 028) und Muffins (Idee 029) zum Spielen.

055 Wärmekissen

Alter: *Erwachsene*
Materialien: *2 Stück Stoff (14 x 26 cm), Nähgarn und eine Tüte ganze Weizenkörner*

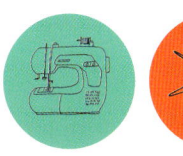 

Ein Wärmespender im Bett oder auch schön zum Spielen! Falte den Stoff in der Mitte und nähe ihn an drei Seiten rechts auf rechts zusammen. Drehe das Kissen um, fülle es mit Weizenkörnern und falte den offenen Rand 1 cm um. Verschließe auch diese Seite. Das Kissen ein paar Minuten in die Mikrowelle legen, bis es lauwarm ist.

056

Alter: ab 4 Jahren
Materialien: Papiermaschee-Pulver,
Wasser, Holzstäbchen, Basteldraht,
Hobbyfarben und gekämmte Wolle

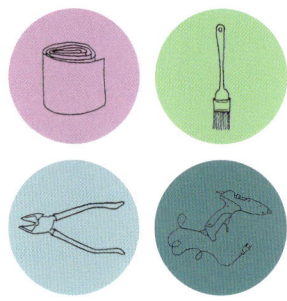

Mische Papiermachschee-Pulver und
Wasser gemäß der Packungsanleitung.
Lasse die Masse 30 Minuten in einem
geschlossenen Behälter ziehen. Forme
nun einen Kopf. Setze den Kopf auf ein
Holzstäbchen und lasse ihn trocknen.
Bemale ihn anschließend mit Hobbyfarben. Biege aus dem Draht eine Brille
zurecht und klebe sie an den Seiten
des Kopfes fest. Zum Schluss noch
die Wolle mit Klebstoff befestigen.

Kopf aus Papiermaschee

057 Tellermaske

Alter: alle
Materialien: Pappteller, Hobbyfarben und Gummiband

 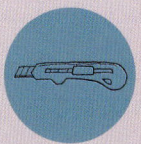  

Bemale den Pappteller. Wenn die Farbe trocken ist, schneidest du Löcher für Augen, Nase und Mund aus. Zum Befestigen des Gummibandes stichst du zwei Löcher in den Rand. Miss den Kopfumfang des Kindes und schneide ein passendes Stück Gummi zu. Knote nun das Gummiband an der Maske fest.

058

Alter: ab 5 Jahren
Materialien: kleine Vogelfigur,
Streichholzschachtel, je ein kleines
Stück Karton und Wellpappe,
Hobbyfarbe und 1 Streichholz

Schneide zwei Dreiecke aus Pappe
zurecht, die zu den Maßen der
Streichholzschachtel passen. Klebe
sie an die Oberseite der Schachtel
und bemale das Ganze mit Hobbyfarbe. Ist die Farbe trocken, schneidest du eine runde Öffnung in die
Schachtel. Darunter mit der Ahle
ein kleines Loch für das Streichholz
bohren und das Vögelchen daran
befestigen. Als Dach ein Stück Wellpappe verwenden, das etwas breiter
und länger als die Schachtel ist, und
festkleben.

Schmuckvogelhaus

Spielzeug aus Eisstielen

Alter: ab 5 Jahren
Materialien: 20 Eisstiele, Hobbyfarbe (Schwarz) und Zeitung

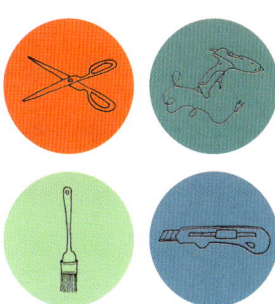

Holzfloß:

Lege zehn Eisstiele nebeneinander. Klebe nun neun Stiele so darüber, dass sie zusammen ein Floß bilden.

Für den Mast schneidest du von einem Stiel ein rundes Ende ab, bemalst ihn schwarz und klebst ihn auf das Floß. Als Segel schneidest du aus einem Zeitungspapier ein Dreieck aus. Schneide noch zwei Schlitze ins Segel und schiebe es auf den Mast.

Wegweiser:

Materialien: 5 Eisstiele, Buchstaben- und Zahlenstempel, Stempelkissen und Korken

Schneide ein Ende des Eisstiels ab. Stich einen passenden Schlitz in den Korken und stecke den Stiel hinein. Stemple Ortsangaben und Entfernungen auf die übrigen Stiele und klebe sie ans Schild.

059

060 Schneekugel

Alter: ab 5 Jahren
Materialien: Glas mit Deckel,
destilliertes Wasser, Glycerin,
Glitter und Figuren

Klebe die Figuren innen am Deckel fest und lasse den Klebstoff trocknen. Damit der Glitter langsamer fällt, mischst du etwas Glycerin mit destilliertem Wasser. Schütte das Wasser ins Glas und füge den Glitter hinzu. Bestreiche den Rand des Deckels reichlich mit Klebstoff, damit er wasserdicht ist, und schraube den Deckel auf das Glas.

061

Zeichnung im Rahmen

Alter: alle
Materialien: Zeichnung, Rahmen (in Einrichtungs-
häusern erhältlich), Hobbyfarbe und Miniperlen

Bemale den Rahmen. Wenn er trocken ist, schreibst du den Namen des Kindes mit der Klebepistole darauf. Streue dann schnell Miniperlen über den Klebstoff. (Immer nur einen Buchstaben auf einmal, da der Klebstoff rasch trocknet.) Schneide nun die Zeichnung so zurecht, dass sie in den Rahmen passt, und befestige sie mit einem Klebestift im Rahmen.

Alter: ab 5 Jahren
Materialien: Marshmallows,
Zuckerschrift (schwarz, in der
Backabteilung erhältlich) und
Zahnstocher

Schneide kleine Schlitze als
Augen und Mund in das
Marshmallow. Drücke nun
etwas Zuckerschrift in die
Augen und spieße die Köpfe
auf Zahnstocher. Sie eignen
sich gut als gruselige – aber
essbare – Dekoration an
Halloween.

062

Gruselköpfe

063

Alter: ab 3 Jahren
Materialien: kleine Holzplatte,
Nagel, Hobbyfarbe (Schwarz),
Basteldraht und medizinisches
Papierklebeband (gibt es in
der Apotheke)

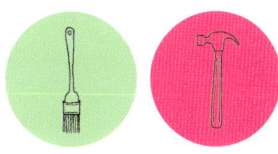

Bemale die Holzplatte ganz
schwarz. Lasse dein Kind
eine Figur aus Basteldraht
formen. Befestige sie mit
einem Nagel auf der Platte.
Umwickle die Drahtfigur nun
mit dem weißen Klebeband.

Draht-
figur

064

Alter: ab 5 Jahren
Materialien: Wellpappe
(schwarz) und Schnur (rot)

Schneide mithilfe der Schablone aus der Pappe Katzenköpfe aus. Stich mit der Ahle jeweils ein kleines Loch hinein und hänge den Schmuck an einer Schnur auf.

Katzen-
schmuck

Alter: ab 6 Jahren
Materialien: Wellpappe (golden,
40 x 15 cm), Bleistift, Schmucksteine,
2 Musterklammern und Gummischnur

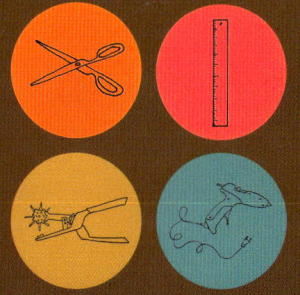

Zeichne sechs Spitzen, die 7 cm hoch
und 6,5 cm breit sind, auf die Pappe.
In der Länge soll 1 cm übrig bleiben,
um die Krone zu verschließen. Verziere
die Krone jetzt mit der Lochzange mit
einem Lochmuster. Zudem knipst du
zwei Löcher in den Rand der Krone.
Beklebe die Krone mit den Steinchen
und verschließe sie mit den Musterklammern. Fädle eine Gummischnur
durch die Löcher am Rand, damit die
Krone fest auf dem Kopf sitzt.

Königskrone

066 Meerjungfrau

Alter: Erwachsene
Materialien: Stoffreste, Mütze und Faden

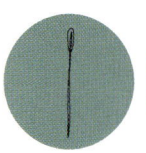 

Reiße den Stoff in sehr lange Streifen und nähe die Streifen an der Mütze fest. Die Streifen sollen ganz dicht nebeneinandersitzen.

067

Alter: Erwachsene
Materialien: Schlupfmütze,
Stoffreste und Faden

Reiße den Stoff in etwa
1 x 20 cm lange Streifen.
Nähe die Streifen am Rand
der Schlupfmütze dicht
nebeneinander fest.

Löwenmähne

068 Drachenkostüm

Alter: Erwachsene
Materialien: Filz (grün), Füllwatte, Nähgarn,
Schlupfmütze, Oberteil und Strumpfhosen

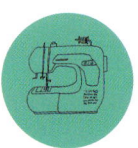 

Lege den Filz doppelt übereinander und
schneide große und kleine Zacken aus. Nähe
die zwei Lagen der Zacken zusammen, lasse
sie unten offen und fülle sie mit etwas Füllwatte. Stecke die großen Zacken hinten in der
Mitte des Oberteils fest. Nähe sie erst von
außen fest, wende dann das Oberteil und
nahe die Ränder in den Stoff.
Schneide den Saum der Schlupfmütze etwas
auf. Stecke nun die kleinen Zacken hindurch
und nähe den Saum wieder zusammen.
Nähe zum Schluss noch eine Zacke hinten in
der Mitte der Strumpfhose fest.

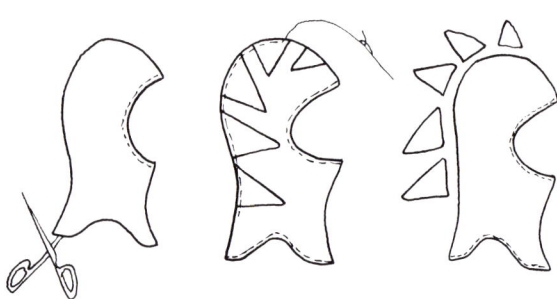

069

Brötchen-
schnappen

Alter: ab 2 Jahren
Materialien: Schnur und ein süßes
Brötchen für jedes Kind

Hänge für jeden ein süßes Brötchen
an eine Schnur. Die Kinder sollen
nun um die Wette essen. Derjenige, der zuerst sein Brötchen, ohne
Hilfe der Hände, gegessen hat, hat
gewonnen.

Brötchen mit Schokostücken (ca. 24 St.):

Zutaten: 100 g Butter, 300 ml Milch, 50 g Hefe, 2 El. Zucker, 1 Tl. Salz, 2 Eier, 50 g Schokolade (gehackt), 700 g Mehl und
etwas Milch zum Bestreichen.
Lasse die Butter schmelzen. Rühre nun Milch und Hefe ein. Vermische Mehl, Zucker und Salz. Verquirle das Ei
und gib es zur Milchmischung. Füge die Mehlmischung hinzu und knete, bis ein geschmeidiger Teig entstanden
ist. Menge dann die Schokostücke unter den Teig.
Teile den Teig in 24 Stücke. Forme kleine Brötchen und lasse sie ca. 15 Min. gehen. Bestreiche die Brötchen mit
Milch und backe sie 15 Min. bei 200 Grad.

070 Winterlinge

Alter: für die ganze Familie

Endlich Frühling! Winterlinge sind eines der ersten Zeichen für den nahenden Frühling. Pflücke diese kleinen gelben Blumen und schmücke Kinderzimmer und Wohnung mit Sträußchen.

071

Alter: alle
Materialien: Wellpappe (schwarz),
Hobbyfarben, 1 m Gummiband (2 cm
breit), Haarreif, 2 Pfeifenreiniger
(schwarz) und Perlen

Zeichne Schmetterlingsflügel auf
die Wellpappe und schneide sie aus.
Male nun Muster auf die Flügel und
lasse sie trocknen. Schneide das
Gummiband so zurecht, dass es um
die Arme des Kindes herumreicht.
Befestige es mit einem Tacker an
den Flügeln. Wickle die Pfeifenreiniger wie Fühler um den Haarreif und
fädle die Perlen auf ihre Enden.

Schmetterlingsflügel

072

Alter: 8 Jahre mit Erwachsenen
Materialien: Stoffreste,
Vliesband (doppelseitig
klebend) und Nähgarn

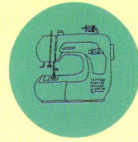 

Bügle immer zwei der Stoffreste, mit dem Vliesband
dazwischen, aufeinander.
Schneide dann viele Kreise aus
dem Stoff aus. Nähe nun mit
der Nähmaschine eine lange
Schnur im Zickzackmuster
zusammen: Denk daran, den
Ober- und Unterfaden fest-
zuhalten, während du nähst.
Steppe mit kleinen Zwischen-
räumen über die Kreise.
Jetzt hast du einen schönen
Kinderzimmerschmuck.

Stoffgirlande

073 Knopf-bilderrahmen

Alter: ab 6 Jahren
Materialien: Bilderrahmen und Knöpfe

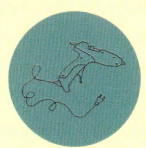

Kaufe in einem Bastelgeschäft, im Möbelhaus oder auf dem Flohmarkt einen Bilderrahmen und beklebe ihn mit verschiedenen Knöpfen.

074 Serviettenring

Alter: Erwachsene
Materialien: ein Stück Stoff mit
Karomuster (5 x 18 cm) und Stickgarn

  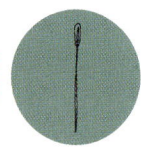 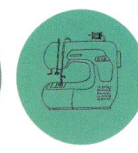

Besticke den Stoff mit einem Namen, am einfachsten geht das mit Kreuzstich. Verziere auch den Rand. Falte das Stoffband so in der Mitte, dass es rechts auf rechts liegt. Nähe nun die Enden zu einem Serviettenring zusammen und wende ihn.

075

Alter: Erwachsene
*Materialien: Holzstäbchen (26 cm), Holzperle,
stabiler Karton, Filzreste, Stoff, Wattekugel und
Hobbyfarbe*

Tüten-
kasper

Falte aus dem Karton eine ca. 10 cm hohe
Tüte. Schneide die Spitze ab und stecke das
Holzstäbchen hindurch. Klebe eine Perle ans
Ende des Stäbchens. Fertige aus dem Stoff
eine Tüte in derselben Größe und nähe sie
mit der Nähmaschine zusammen. Schneide
auch hier ein kleines Loch in die Spitze und
klebe dieses am anderen Ende des Stäbchens
fest. Klebe nun Stoff und Karton zusammen.
Schneide ein Filzband zurecht und klebe es
um den Tütenrand. Male ein Gesicht auf die
Wattekugel und klebe sie oben auf das Stäb-
chen. Lege dir ein ca. 2 cm breites Band aus
Filz zurecht, in das du Fransen schneidest.
Das Ganze als Frisur auf den Kopf kleben.

076
Halskette aus Spielzeug

Alter: ab 4 Jahren
Materialien: 3 Streifen Stoff (je 1 m),
kleine Schraubhaken, Schmuckringe
und Spielzeug

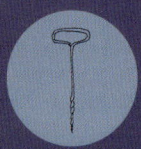

Räume einfach mal die Spielzeug-kiste aus und verwende die kleinen Kostbarkeiten für eine Halskette. Knote die Stoffstreifen an einem Ende zusammen und flechte sie zu einem Band. Bohre mit einem Hand-bohrer Löcher ins Spielzeug und schraube kleine Haken hinein (oder nimm Schmuckringe, die bereits Löcher oder Ösen haben). Fädle das Spielzeug auf die Stoffschnur und schließe die Kette mit einem Knoten im Nacken.

077 Dame mit Schirm

Alter: ab 4 Jahren
Materialien: Papier in ver-
schiedenen Farben und
Mustern, Cocktailschirmchen,
Bunt- und Filzstifte und
1 Stück Pfeifenreiniger

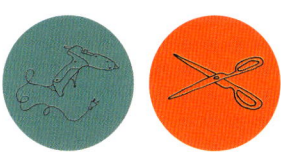

Schneide die Teile für eine Figur aus den unterschiedlichen Papieren aus und bemale sie. Lege
die Figur auf ein Blatt Papier und klebe sie auf.
Ergänze die Pfeifenreiniger als Arme und gib ihr
den Schirm in die Hand. Verwende das Bild als
Grußkarte oder hänge es auf.

078 Nixenschatz

Alter: ab 2 Jahren
Materialien: 2 Muschelschalen, Steinchen und Glitzer

Streiche in eine der Muscheln reichlich Klebstoff. Lege Perlen hinein und streue Glitzer darüber. Platziere am besten ein paar größere Perlen am hinteren Ende, damit die Muschel offen bleibt, wenn man die andere Schale darauflegt. Nun klebst du beide Schalen an der Verbindungsstelle zusammen.

079
Gürtel

Alter: ab 6 Jahren
Materialien: 3 Stoffstreifen
(ca. 2 x 150 cm) und 6 Perlen

Binde die Streifen nach einer
Länge von 15 cm zusammen.
Befestige sie an einem Türgriff
oder etwas Ähnlichem, damit das
Kind den Gürtel selbst flechten
kann. Flechte so lange, bis wiederum 15 cm der Streifen übrig
bleiben. Binde einen Knoten ans
Ende der Flechtstrecke. Fädle
Perlen auf die Enden der Streifen
und fixiere sie mit Knoten.

080 Zählspiel

Alter: ab 2 Jahren
Materialien: Fotokarton,
Bleistift und Papier
(gemustert)

Schneide zwölf Spielkarten (7 x 7 cm) zurecht. Beklebe eine Seite mit gemustertem Papier. Für die andere Seite schneidest du einfache Figuren aus. Jede Spielkarte muss zweimal vorhanden sein und sie sollte jeweils ein, zwei, drei, vier, fünf oder sechs Motive haben.

Lege die Karten mit den Bildern nach unten und mische sie. Die Spieler decken abwechselnd immer zwei Karten auf. Sind die Motive gleich, darf sie der Spieler behalten, wenn er zählen kann, wie viele Dinge auf dem Kärtchen abgebildet sind.

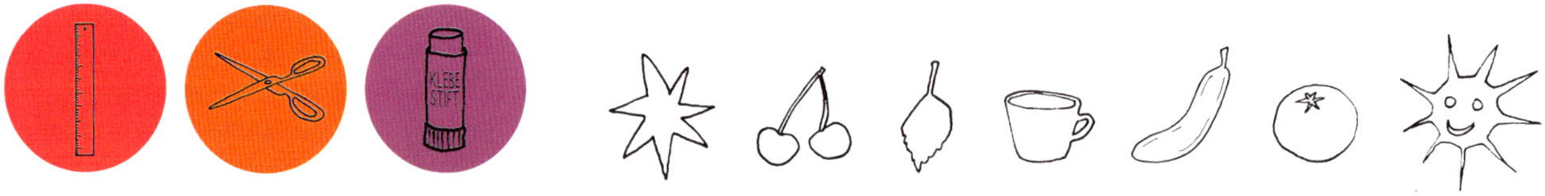

081 Holzhäuschen

Alter: ab 4 Jahren
Materialien: Balsaholz,
Bleistift und Hobbyfarbe

Säge aus dem Balsaholz einen Klotz zurecht.
Zeichne nun mit einem Bleistift das Hausdach an
und säge es ebenso aus. Bemale das Dach farbig
und zeichne Fenster sowie Türen auf die Häuser.

082 Schachtel **in der** Schachtel

Alter: ab 3 Jahren
Materialien: 3 Pappschachteln,
die ineinanderpassen, und
Hobbyfarbe

Bemale die Schachteln in unterschiedlichen Farben. Wenn sie trocken sind, zeichnest du Augen darauf. Die Kinder können die Schachteln wie Matroschka-Puppen benutzen, die man immer neu ineinandersetzt.

083 **Ballon**

Alter: ab 4 Jahren
Materialien: Luftballon, Tapetenkleister, Wasser,
Zeitungspapier, Hobbyfarbe, Schnur und Korb

Reiße die Zeitung in Streifen. Mische den Kleister gemäß der Packungsanleitung mit Wasser und lasse ihn etwas stehen. Blase den Ballon auf. Bestreiche die Zeitungsstreifen mit Kleister und bedecke den Luftballon damit komplett. Wenn er trocken ist, bemalst du ihn. Lege drei Stücke Schnur (je 1 m) so über den Ballon, dass sie herabhängen, und klebe sie oben am Ballon fest. Fädle neue Schnur durch die anderen Schnüre und hänge den Ballon damit auf. Binde zum Schluss den Korb an den unteren Enden der Schnüre fest.

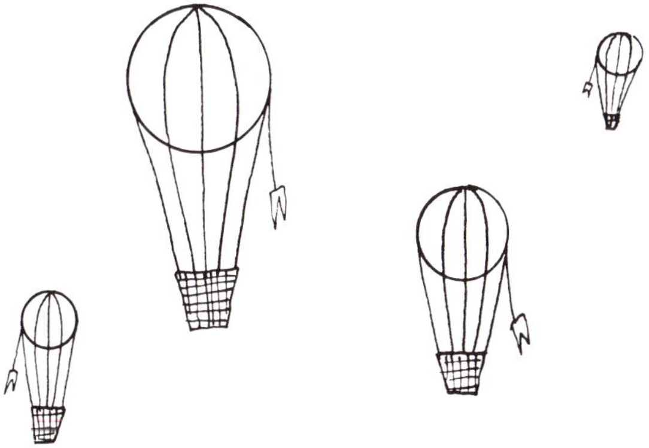

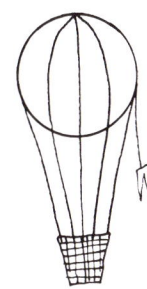
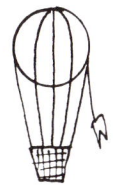

084 Sockenbärchen

Alter: Erwachsene
Materialien: ein Paar Socken, Stickgarn, 2 Perlen, 5 Knöpfe, Füllwatte und Nähgarn

Schneide das Bündchen einer Socke ab und fülle den Fuß mit Füllwatte. Nähe mit dem Stickgarn einen Mund auf die Fußspitze. Nähe Perlen als Augen an, indem du das Garn mehrmals durch das Loch der Perle führst.

Schließe die Socke, indem du sie direkt oberhalb der Ferse zusammennähst. Schneide für die Beine einen Schlitz. Nähe die Beine an der Innenseite und vorne zusammen. Bevor du sie ganz verschließt, steckst du noch etwas Füllwatte hinein. Bestcke jetzt die Füße mit Zehen. Schneide von der anderen Socke den Fuß ab. Schneide ihn in zwei Streifen und nähe sie quer zu zwei Rollen zusammen. Drehe sie um, stopfe etwas Füllwatte hinein und nähe sie als Arme an den Seiten des Bärchens fest. Bestcke den Bauch mit fünf Knöpfen. Mithilfe der Strickliesel strickst du dem Bären nun noch einen bunten Schal.

085

Das einfachste
Puppenhaus der Welt

Alter: ab 5 Jahren
Materialien: bunter Karton und Klebeband

Klebe die Kartonstücke wie die Räume eines Puppenhauses mit dem Klebeband auf dem Boden fest. Jetzt ist dein Grundriss fertig zum Einrichten und er lässt sich auch einfach wieder entfernen. So kannst du auch einen Bauernhof oder Straßen für Spielzeugautos auf den Boden kleben.

086

Alter: alle
Materialien: Papier, Farbstifte und
Schnur

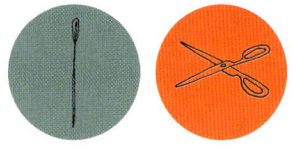

Zeichne kleine farbige Figuren auf
Papier und schneide sie aus. Fädle
die Zeichnungen auf eine Schnur
und binde unter jede einen Knoten,
damit sie festsitzen.

Hänge*malerei*

087

Korkenbrosche

Alter: alle
Materialien: Kronkorken,
Broschennadeln, Pailletten
und Perlen

Fülle die Kronkorken mit Klebstoff. Streue nun bunte Perlen und Pailletten darüber. Wenn die Kronkorken getrocknet sind, befestigt man die Broschennadel mithilfe der Klebepistole an der Rückseite.

088 Trinkhalm-girlande

Alter: ab 4 Jahren
Materialien: Trinkhalme in
verschiedenen Farben und
Nähgarn

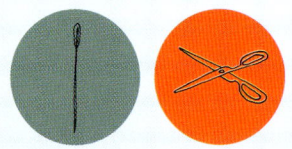

Schneide die Trinkhalme in
Stücke von 5 bis 10 cm. Fädle
sie nun mit der Nadel zu
einer langen Kette auf.

089 **Boot**

Alter: ab 3 Jahren
Materialien: Einwegteller,
Papptrinkhalm, Papier und
Filzstift

Klebe den Trinkhalm als
Mast in der Mitte des Ein-
wegtellers fest. Schneide
aus Papier ein dreieckiges
Segel zurecht und bemale
es. Klebe das bunte Segel
nun an den Mast.

Gabel-
mann
und
Löffel-
frau

090

Alter: ab 3 Jahren
Materialien: Einwegbesteck,
Stoffreste, wasserfester
Fasermaler (schwarz)

 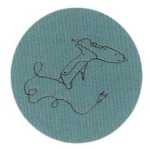

Bemale das Besteck mit lustigen Gesichtern und schneide aus ein paar Stoffresten Kleidung für die Puppen zurecht. Klebe dann die Kleidung an den Puppen fest.

091

Alter: ab 3 Jahren
Materialien: Muffinförmchen,
Schnur, Perlen

Fädle eine Perle auf eine
Schnur und binde einen
Knoten darunter. Setze nun
ein Muffinförmchen auf die
Perle. Binde dann weiter
oben auf der Schnur einen
weiteren Knoten und setze
ein neues Förmchen darauf,
befestige danach wieder eine
Perle und mache immer so
weiter, bis die Girlande die
gewünschte Länge hat.

Muffingirlande

Puppenzimmer

Alter: ab 8 Jahren
Materialien: Kartonrest,
Schnur, Klebeband und
Farben

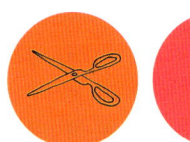

Schneide ein Stück Karton (30 x 10 cm) als Wand und ein Stück (10 x 10 cm) als Boden zurecht. Zeichne Möbel und andere Dinge auf Wände und Boden. Falte die Wände um den Boden und klebe sie fest. (Falzlinien am besten vorher mit der Rückseite der Schere eindrücken.) Rolle nun aus einem Stück Karton eine Lampe und fädle sie auf eine Schnur, die über das Zimmer führt.

093 Pappfiguren

Alter: ab 3 Jahren
Materialien: Pappe und Filzstifte

Schneide mit dem Teppichmesser kleine Figuren aus der Pappe. Schneide nun die Figuren am unteren Ende ca. 5 mm auf und biege die Pappe so auseinander, dass die Figuren stehen. Bemale anschließend Vorder- und Rückseiten.

094 Mäuschen

Alter: ab 4 Jahren
Materialien: Tonpapier (grau und schwarz),
1 Perle, 15 cm dünner Draht, Stift (weiß)
und Schablone

   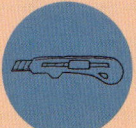 

Schneide Maus und Mäuseohren aus grauem Tonpapier aus (siehe Schablone). Ritze Schlitze für die Ohren in den Körper. Falte die Maus und klebe sie zusammen. Befestige die Ohren in den Schlitzen. Schneide aus der schwarzen Pappe kleine Augen aus, zeichne weiße Punkte als Pupillen und klebe sie auf. Wickle den Draht in einer Spirale um die Ahle. Klebe den Draht nun als Schwänzchen an der Maus fest.

095

Bemalte
Kräutertöpfe

Alter: ab 4 Jahren
Materialien: Kräutertöpfe, Farbe, runder
Malschwamm, Stempel sowie Stempelkissen

Verziert die Kräutertöpfe, bevor ihr sie bepflanzt,
etwa mit Tupfen, die mit einem runden, in Farbe
getauchten Malschwamm aufgetragen werden.
Der andere Topf im Bild ist mit Piratenstempeln
dekoriert und gilt auch bei Jungs als ziemlich cool.

Alter: ab 4 Jahren
Zutaten: 100 g Aprikosen, 200 g Feigen, 50 g Nüsse, etwas
Puderzucker und Kuchendeko.
Ergibt ca. 12 St.

Die Aprikosen zu einer feinen Masse zerkleinern,
ebenso Nüsse und Feigen zusammen zerkleinern. Beide Massen im Wechsel aufei-
nanderschichten (die Aprikosen in
die Mitte). Schneide das Ganze
nun in kleine Stücke. Vermische etwas Wasser
mit Puderzucker zu
einer Glasur und
dekoriere die Pra-
linenstücke damit
sowie mit gehack-
ten Nüssen oder
Kuchendeko.

096
Gesunde Pralinen

097

Trinkhalme

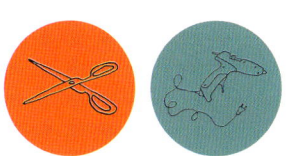

Alter: ab 4 Jahren
Materialien: Trinkhalme, Papier (gemustert),
Bleistift und Sternchenpailletten

Zeichne Sterne auf Papier, schneide sie aus und klebe jeweils eine Sternchen-paillette in die Mitte. Klebe dann diese Sterne an die Trinkhalme.

Klötzchenspiel

Alter: Erwachsene
Materialien: Balsaholzstück
(5 x 5 x 45 cm), 5 Stück
verschieden gemusterte
Papiere und ein Foto

Säge neun Klötzchen von je 5 x 5 x 5 cm zurecht. Die Klötzchen haben sechs Seiten, also ergeben sich auch sechs Puzzlespiele. Schneide Papiere und Foto in den Maßen 15 x 15 cm aus. Das Papier wird nun in Quadrate von 5 x 5 cm geschnitten und mit Decoupagekleber auf die Holzklötzchen geklebt.

099

Alter: ab 4 Jahren mit Erwachsenen
Materialien: Bügelperlen, Stift-
platten, Schnur und Backpapier
(Hinweis: Bügeln sollte ein
Erwachsener.)

Lege fantasievolle Perlenfigu-
ren. Lasse dich zum Beispiel vom
Weltraum inspirieren. Lege ein
Backpapier über die fertigen Figuren und bügle sie kurz, damit die
Perlen verschmelzen. (Siehe auch
Idee Nr. 009.) Lege nun auf einer
runden Stiftplatte einen Perlen-
ring, überbügle ihn und hänge die
anderen Motive mit einer Schnur
daran auf.

Raketen-
mobile

100

Alter: ab 4 Jahren
Materialien: Fotokarton
und Garn

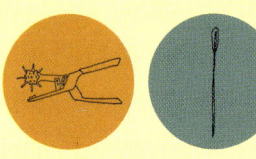

Schneide aus dem Karton
eine einfache Form aus.
Stanze mithilfe einer Lochzange Löcher in den Rand
der Form. Nun nähst du mit
dem Garn durch die Löcher.

Lerne das Nähen

101 Fächer

Alter: ab 5 Jahren
Materialien: Packpapier
(30 x 60 cm), Sternenglitzer
und Schmuckband

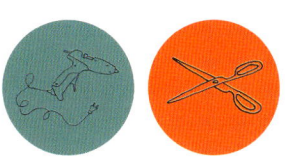

Falte das Papier im Zickzack. Knicke das Ganze in der Mitte und klebe die Mitte zusammen. Wickle etwas Schmuckband um den Mittelteil, an dem du den Fächer hältst. Verziere nun den Rand des Fächers mithilfe der Klebepistole mit Sternenglitzer.

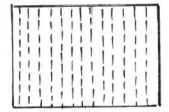

102 Schlange

Alter: ab 3 Jahren
Materialien: Ast und Hobbyfarbe

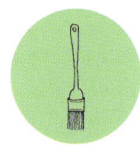

Bemale den Ast mit Augen und einem Muster, sodass er aussieht wie eine Schlange.

103 Osterhäschen

Alter: ab 4 Jahren
Materialien: Pappe und
Oster-Schokoladenpapier

Klebe das Papier eines Schokohasen auf ein Stück Pappe. Schneide den Hasen aus. Zum Schluss als Fuß noch ein viereckiges Stück Pappe hinten ankleben, sodass der Hase aufrecht steht.

104 Narrenbrief

Alter: ab 3 Jahren
Materialien: ein
quadratisches Stück Papier

Falte das Papier zu einem Dreieck. Falte es weitere zwei Mal, bis das Dreieck acht Lagen hat. Schneide Muster in die Faltkanten und falte das Papier wieder auseinander. Schreibe zum Schluss einen kurzen Reim darauf und versende den Brief heimlich mit einem Schneeglöckchen.*

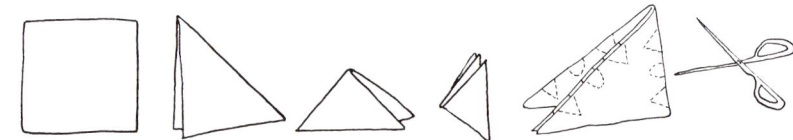

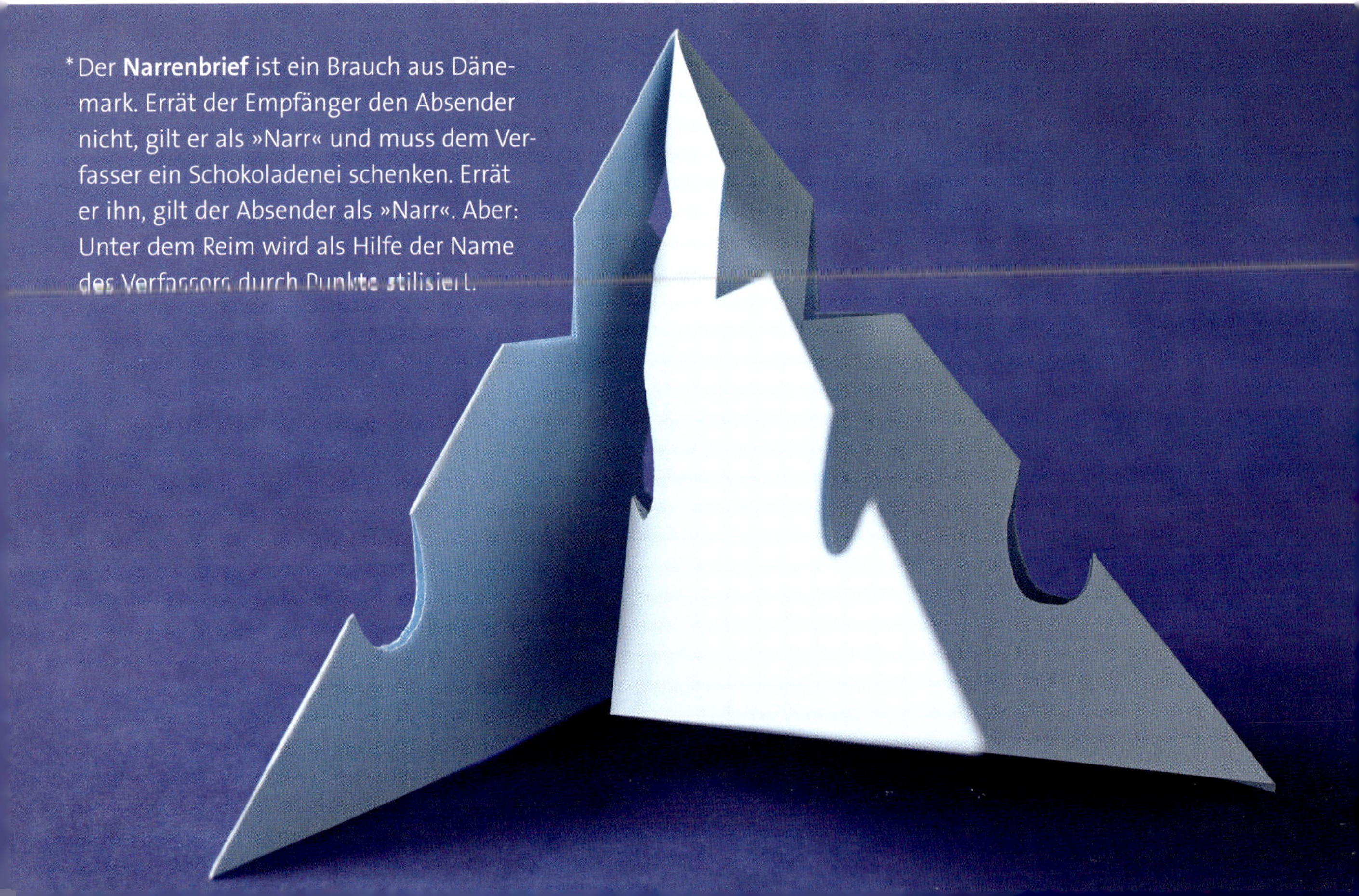

*Der **Narrenbrief** ist ein Brauch aus Dänemark. Errät der Empfänger den Absender nicht, gilt er als »Narr« und muss dem Verfasser ein Schokoladenei schenken. Errät er ihn, gilt der Absender als »Narr«. Aber: Unter dem Reim wird als Hilfe der Name des Verfassers durch Punkte stilisiert.

105 Heimlicher Freund

Alter: 6 Jahre mit Erwachsenen
Materialien: Stoffreste,
Stickgarn, Füllwatte und
Schablone

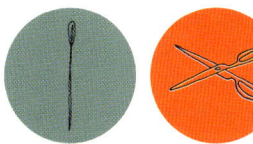 

Dieser kleine Kerl liegt versteckt in der Hosen-, Jacken- oder Handtasche und ist immer da, wenn man einen Freund braucht.

Schneide mithilfe der Schablone zwei Figuren aus. Schneide bei einer Figur ein Loch für das Gesicht aus. Nähe nun ein einfarbiges Stück Stoff hinter die Öffnung und sticke ein Gesicht darauf. Lege die beiden Teile rechts auf rechts und nähe sie zusammen. Spare dabei ein Loch zum Füllen aus. Drehe die Figur um, fülle sie mit Füllwatte und vernähe abschließend das Loch.

106 Kresse

Alter: ab 2 Jahren
Materialien: Behälter (z. B. von Gemüse oder der Boden eines Milchkartons), Watte und Kressesamen

Lege den Behälter mit Watte aus und gieße Wasser darüber. Streue den Samen auf die feuchte Watte. Stelle die Kresse nun an einen dunklen Ort, bis sie ordentlich austreibt. Nach sieben bis zehn Tagen kann man die Kresse ernten.

107 Gebackener Osterkranz

Der Kranz aus diesem Quark-Öl-Teig ist ein leckeres Frühstücksgebäck.

Zutaten: 150 g Magerquark, 2–3 Essl. Milch, 4–5 Essl. Pflanzenöl (mgl. neutraler Geschmack), 80 g Zucker, 1 P. Vanillezucker, 1 Ei, 300 g Mehl, 1 P. Backpulver, 1 Tl. Zitronenaroma oder abgeriebene Zitrone; Mandeln zum Verzieren, 1 Eigelb und 1 El. Milch zum Bestreichen.

Rühre Quark, Milch, Öl, Zucker, Ei und Zitronenaroma zu einem glatten Teig. Vermische das Backpulver mit dem Mehl und gib beides zum Teig dazu. Das Ganze kneten, bis der Teig geschmeidig ist und nicht mehr klebt (bei Bedarf mehr Mehl nehmen). Den Teig 1 Stunde kaltstellen. Zum Formen die Hände mit etwas Öl ein- ölen (der Teig ist etwas klebrig). Den Teig in zwei gleiche Stücke teilen. Aus diesen zwei lange Stränge rollen, beide Stränge zu einem Zopf umeinander wickeln und zu einem Kranz legen. Mit Eigelbmilch bestreichen und mit Mandeln dekorieren. Bei 200 Grad etwa 25–30 Minuten backen.

108

Alter: ab 3 Jahren
Materialien: Gipspulver,
Hobbyfarbe (Gelb), 2 Federn,
ein kleines Stück Tonkarton
(rot), Draht (4 cm), Esslöffel
und Stofftieraugen

Rühre den Gips wie auf der
Packung angegeben an.
Gib etwas flüssigen Gips
auf einen Esslöffel. Biege
den Draht zu einer Öse
zum Aufhängen und lege
ihn an den Rand des Gip-
ses. Ist der Gips trocken, löst
du ihn aus dem Löffel und
bemalst ihn gelb. Nun aus
dem Tonkarton einen Schnabel schneiden und zusam-
men mit Augen und Federn
am Küken festkleben.

Osterküken aus Gips

109 Eierkarton mit Frühlingsblumen

Alter: ab 3 Jahren
Materialien: Eierkarton mit
6 Eiern, Pflanzerde, Zahnstocher,
Fotokartonreste, Filzstift, Blumen
(z. B. kleine Zwiebeln, Anemonen
und Schachblumen)

Köpfe die Eier an der Spitze, damit im Inneren genügend Platz für die Erde bleibt. Wasche die Schalen gut aus und pflanze die Blumen hinein. Bastle kleine Namensschildchen, die du an einen Zahnstocher klebst, und stecke sie in die Erde.

110 Drei in einer Reihe

Alter: ab 4 Jahren
Materialien: 6 Papiere
von Schoko-Osterhasen
(2x 3 einheitliche Hasen),
6 Münzen, ein Stück Karton
(12 x 12 cm) und Filz-
stift (schwarz)
Für 2 Spieler

Fertige zweimal je drei gleiche Münzen an, indem du das Schokopapier so um die Münzen legst, dass man die Gesichter sieht. Teile die Pappe als Spielfeld in neun Felder (je 4 x 4 cm) ein. Jeder Spieler bekommt drei gleiche Münzen und darf abwechselnd jeweils eine aufs Spielfeld legen. Sind alle Münzen gelegt, rückt man eine Münze auf ein neues Feld. Der Spieler, der zuerst seine drei gleichen in einer Reihe hat, ist Sieger.

Ostereier suchen

Alter: alle

An Ostern werden Eier versteckt! Verstecke sie draußen oder drinnen, oben oder unten, in kleinen Körbchen, Kistchen oder einfach einzeln. Manche sollen schwer, andere aber auch einfach zu finden sein, damit Kinder in jedem Alter ihren Spaß haben. Sammle alle gefundenen Eier in einem großen Korb und teile sie am Ende unter den Suchenden auf. So bekommen auch die Kleinsten ihre Ostereier.

112

Alter: Erwachsene
Materialien: Mütze, Filz (weißgrau),
Pompon aus Pelz und Nähgarn

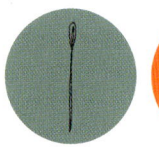 

Schneide aus dem Filz zwei Hasen-
ohren zurecht und nähe sie an der
Mütze fest. Nähe den Pompon an
den Hosenboden eines Stramplers,
eines Bodys oder einer Strumpfhose.
(Siehe Nr. 253, um Pompons aus
Wolle selber herzustellen.)

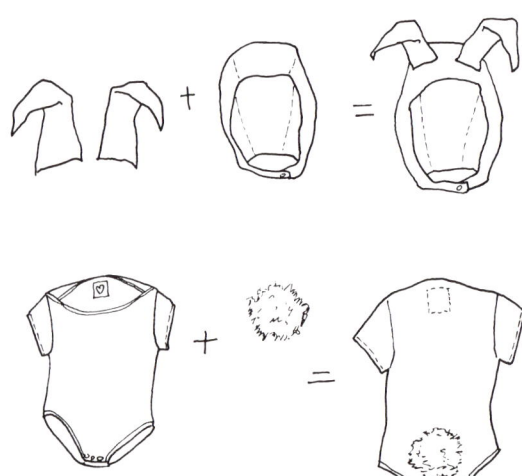

Osterhase

113 Osterei mit Handabdruck

Alter: alle
Materialien: ein ausgepustetes
Ei, eine Musterklammer,
Hobbyfarbe (Schwarz) und
Schnur

Bemale die Kinderhand mit
Farbe. Setze damit vorsichtig
einen Abdruck auf die Eier-
schale und lasse ihn trocknen.
Befestige eine Musterklammer
an der Spitze des Eis und binde
eine Schnur als Aufhängung an.

Eier auspusten:
Überbrühe die Eier kurz mit
kochendem Wasser, um Sal-
monellen zu vermeiden. Stich
dann mit der Nadel ein Loch in
beide Seiten des Eis. Setze das
Ei an den Mund und puste Dot-
ter sowie Eiweiß fest heraus.

114 Bemalte Holzeier

Alter: alle
Materialien: Holzeier und
Hobbyfarben

Für die Kleinsten ist es sehr schwierig, Eier zu bemalen, ohne sie dabei zu zerbrechen. Damit sie auch mitmachen können, bemalt ihr Holzeier mit Hobbyfarben. Lasst sie auf einer Zeitung trocknen.

115

Alter: ab 6 Jahren
Materialien: kleine Filzstücke in
Gelb, Rot, Schwarz und Weiß,
Watte, Faden und Schablone

Schneide den Filz mithilfe der
Schablone zurecht und nähe
die Ränder zusammen, lasse
ein kleines Loch zum Füllen
offen. Klebe die Einzelheiten
an das Küken und fülle die
Watte in das Küken, bevor du
das Loch auch noch schließt.

Osterküken aus Filz

Wolfsmaske

Alter: Erwachsene
Materialien: Filz (grau),
Bleistift, Pappe, Holzstäbe
und Schablone

Zeichne die Wolfsmaske mithilfe der Schablone sowohl auf die Pappe als auch auf den Filz. Schneide beides aus und klebe es zusammen. Befestige nun mithilfe der Klebepistole den Holzstab links oder rechts an der Innenseite der Maske.

Alter: alle
Materialien: weißer Fotokarton, Wolle, schwarzer Filzstift
und Schablone

Schneide mithilfe der Schablone ein Papplämm-
chen zurecht und falte es in der Mitte. Klebe die
Wolle auf das Lamm und zeichne mit dem Filzstift
ein Gesicht auf.

118

Hexe

Alter: ab 3 Jahren
Materialien: Weinkorken, Wattekugel,
Hobbyfarbe (schwarz), Tonpapier
(schwarz) und 2 Perlen (schwarz)

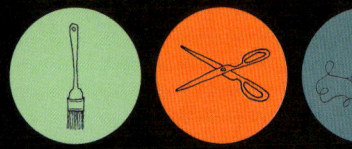

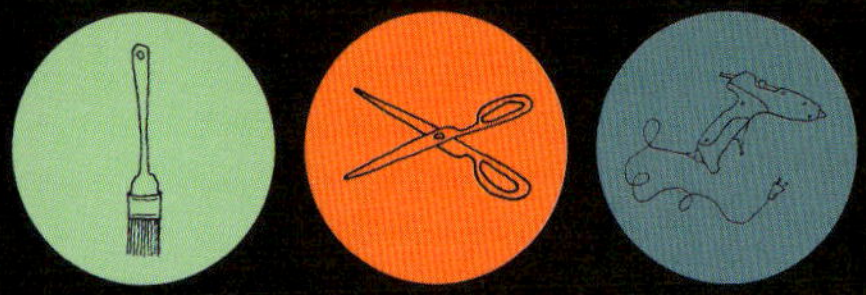

Die Hexe:

Bemale die Kugel schwarz und
klebe sie als Kopf auf den Korken.
Schneide aus dem Tonpapier eine
kleine, spitze Nase zurecht und klebe
sie an den Kopf. Als Augen befestigst
du mit Klebstoff zwei Perlen.

Der Hut:

Schneide einen Ring aus dem Tonpapier aus, der um den Kopf der
Hexe passt. Forme aus demselben
Papier eine kleine Tüte und klebe sie
zusammen. Setze die Tüte auf den
Ring und klebe sie fest. Zum Schluss
den Hut auf den Kopf kleben.

119 Hexenhäuschen*

Alter: ab 4 Jahren
Materialien: Cornflakes-
Packung, Süßigkeiten,
Wellpappe (21 x 18 cm) und
Kuchenstreusel

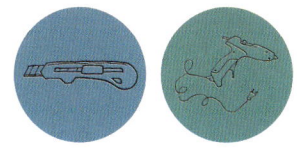

Schneide den Boden der Packung auf 13 cm Höhe ab. Schlitze mit dem Teppichmesser Fenster und eine Tür hinein. Beklebe das Haus mit Süßigkeiten. Falte die Wellpappe in der Mitte und klebe sie als Dach darauf. Verziere auch das Dach mit Kuchen-streuseln und Süßigkeiten.

*zum Spielen; nicht
zum Essen gedacht

120

Alter: ab 2 Jahren
Materialien: leere Klopapierrollen,
Hobbyfarbe und Schnur

Schneide die Klopapierrollen in Stücke
von 1 bis 2 cm. Bemale sie in verschiedenen Farben. Lasse die Ringe trocknen
und fädle sie auf eine Schnur zu einer
Halskette.

Riesenperlen-
schmuck

121 Lollipop

Alter: ab 5 Jahren
Materialien: Holzstäbchen (10 cm lang) und zwei
Farben Filz

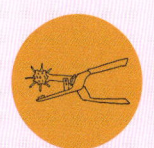  

Schneide zwei Filzbänder (ca. 1 x 50 cm) in zwei Farben zurecht. Bestreiche sie mit Klebstoff und rolle sie
bis auf 20 cm auf. Knipse jetzt ein Loch vom Umfang
des Stäbchens ins Band. Wickle nun das Band weiter
herum, bis du dich der Öffnung näherst, und knipse ein
weiteres Loch. Klebe das Bandende fest und befestige
das Holzstäbchen im Loch.

122 Figurengirlande

Alter: ab 5 Jahren
Materialien: Papier (10 x 60 cm)
und Bleistift

Falte das Papier im Zickzack zu zehn Lagen à 6 cm Breite. Zeichne einen Mann obenauf – mit Armen bis an die Kanten, damit die Figuren später zusammenhängen. Drücke die Schichten dicht zusammen und schneide den Mann aus.

123
Fernglas

Alter: ab 3 Jahren
Materialien: leere Küchenrolle, Hobbyfarbe
(Schwarz, Blau, Weiß), Basteldraht, dünne
Rundstricknadel, Toffifee-Packung und Gummiband

   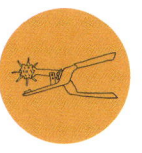 

Halbiere die Küchenrolle, bemale sie schwarz und klebe sie zu einem Fernglas zusammen. Bohre zwei Löcher in die Seiten und ziehe das Gummiband hindurch.

Fertige nun zwei Spiralen von ca. 10 cm Länge an, indem du den Draht um die Stricknadel wickelst. Schneide vier Halbkugeln aus der Toffifee-Packung und bemale sie weiß. Stich in zwei davon ein Loch und stecke jeweils das Ende einer Spirale hinein. Male Pupillen auf die zweite Halbkugel und klebe sie obenauf. Befestige dann die Spiralen im Fernglas.

124 Handabdruck

Alter: alle
Materialien: feste Pappe
(20 x 20 cm), Wasserfarben
und gemustertes Klebeband

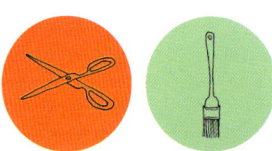

Schneide ein Stück Pappe zurecht und beziehe den Rand mit dem Klebeband als Rahmen. Färbe die Hand des Kindes mit Wasserfarbe ein und setze einen Abdruck auf die Pappe. Beschrifte das Bild zum Schluss mit Namen und Datum.

125 Schwammspinne

Alter: ab 2 Jahren
Materialien: 4 Ästchen, ein
Stück Schwamm, Kartonrest
(weiß) und Pailletten

Für den Spinnenkörper schneidest du ein Stückchen Schwamm zurecht.
Setze vier Kleckse Klebstoff auf die Unterseite und klebe die Ästchen als
Beine an. Schneide aus der Pappe ein Kreuz aus. Klebe es zusammen
mit den Pailletten als Augen und Verzierung auf den Körper.

126 Schlangenmama

Alter: Erwachsene
*Materialien: Stoffreste, Füllwatte, Nähgarn, verdeckter
Reißverschluss (15 cm Länge), 4 Stofftieraugen, Filz (grau, rot),
Osterei aus Pappe und Schablone*

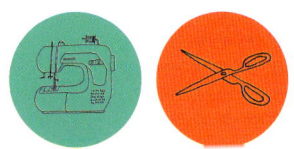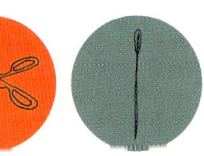

Schlangenmama:

Schneide die Stoffe in Streifen, die Längen verschieden, aber alle 32 cm breit. Nähe sie zu einer langen Bahn und dann zu einer langen Rolle mit einer Öffnung von 15 cm in der Mitte. Befestige nun mit der Nadel den Reißverschluss in der Öffnung. Nähe dann den Schwanz spitz zusammen. Schneide den Kopf der Schlange ebenso spitz zu. Schneide als Maul zwei Stücke grauen Filz spitz zu und für die Zunge ein Stück roten Filz (13 x 1,5 cm) aus. Nähe die grauen Filzstücke, mit der roten Zunge in der Mitte, zusammen. Lege das Maul nun Stoff an Stoff in den Kopf der Schlange und nähe es zusammen. Wende die Schlange durch das Reißverschlussloch und stopfe sie mit Füllung aus, lasse aber am Reißverschluss noch Platz für das Ei. Nähe zum Schluss die Augen an.

Babyschlange:

Schneide mithilfe der Schablone eine kurze Babyschlange aus. Nähe sie rechts auf rechts zusammen, lasse jedoch eine Öffnung an der Seite. Wende die Babyschlange, stopfe sie mit Füllung aus und schließe die Öffnung. Nähe nun die zwei Augen an. Lege die Babyschlange ins Ei und das Ei wiederum in die große Schlange.

127
Sammel-
dosen

Alter: alle
Materialien: Holz- und Pappdosen oder
Schachteln, Muschelschalen oder Knöpfe

Beklebe die Deckel der Dosen oder Schachteln mit Schalen oder Knöpfen.

128

Ballerina

Alter: ab 3 Jahren
Materialien: Hosengummi
(5 cm), Nähgarn, Tüll
(4 x 30 cm) und Filzstift
(schwarz)

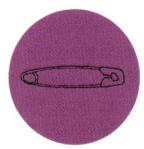 

Falte den langen Rand des Tülls um und nähe einen schmalen Tunnel für das Gummi. Fädle das Gummi mit einer Sicherheitsnadel hindurch. Nähe nun das Röckchen an der Seite zusammen. Bemale den Finger mit einem Gesicht und setze das Tutu darauf.

129 Bonbon-Halskette

Alter: ab 5 Jahren
Materialien: einzeln verpackte Bonbons

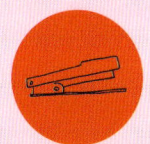

Hefte die Bonbons so zusammen, dass sie eine Kette bilden. Diese Kette könnt ihr zum Beispiel beim Kindergeburtstag verschenken.

130 Babyklötzchen

Alter: *Erwachsene*
Materialien: *Balsaholzstücke (5 x 5 cm), Zahlenschablonen, Bleistift und gemustertes Papier*

Säge das Holz zu Klötzchen (5 x 5 x 5 cm) und schleife sie etwas ab. Schneide aus dem Papier Quadrate (5 x 5 cm) und beziehe die Würfel damit (nutze am besten Decoupagekleber). Streiche zum Schluss eine Schicht Kleber als Versiegelung obenauf. Zeichne mit der Schablone Zahlen auf Papier, schneide sie aus und klebe sie auf die Klötzchen. (Versiegle auch hier die Oberflächen mit Kleber.)

131 Aquarium

Alter: ab 4 Jahren
Materialien: Pappschachtel, Hobbyfarbe
(Blau, Silber), Pappe, Filzstift und Garn

Schneide ein großes Guckloch in eine Seite der Schachtel. Bemale sie anschließend innen blau und außen silbern. Zeichne Fische auf Pappe und schneide sie aus. Hänge sie an einem Stückchen Faden ins Aquarium.

  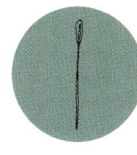 

132 Marienkäfer

Alter: Erwachsene
Materialien: Rasterpapier, Filz (rot und schwarz, je 40 cm),
Polsterwatte (40 cm), Gummiband (schwarz, 2 x 40 cm),
2 Pfeifenreiniger (schwarz), 2 Wattekugeln (schwarz
anmalen), Filzstift (schwarz) und Haarreif

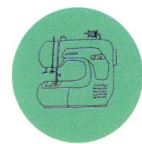   

Miss die Rückenlänge und -breite des Kindes und zeichne
demgemäß eine ovale Form auf das Rasterpapier. Schneide
sie aus und schneide mit ihrer Hilfe zwei Stücke schwarzen Filzes und ein Stück Polsterwatte zurecht. Nähe die
Filzstücke, mit der Polsterwatte dazwischen, zusammen.
Schneide für die Flügel aus dem roten Filz
ebenso eine ovale Form aus. Sie sollte ca.
1 cm größer sein als die Grundform, damit
die Flügel etwas überstehen. Mache einen
Schlitz in das eine Ende. Nähe zehn kleine
Kreise aus dem schwarzen Filz an die roten
Flügel. Die Flügel nähst du nun oben am
schwarzen Filz über ca. 10 cm fest.
Nähe die Gummibänder als Halteriem-
chen, die um die Arme führen, ebenfalls
am schwarzen Filz fest.
Wickle die Pfeifenreiniger um den Haarreif. Bringe sie auf ca. 12 cm Länge und
klebe die Wattekugeln an ihre Enden.

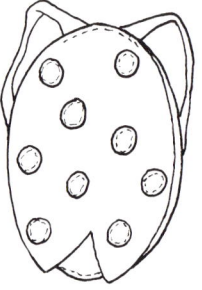

133

Holzskulptur

Alter: ab 3 Jahren
Materialien: ein Stück Holz, Holzplatte
und dicker Stahldraht

Suche dir im Wald oder am Strand ein schönes Stück Holz. Bohre je ein Loch in Holzplatte und Holzstück. Streiche nun Klebstoff in die Löcher und setze beides zu einer Skulptur zusammen.

134 Kühlschrank-magnet

Alter: ab 4 Jahren mit Erwachsenen
Materialien: Stiftplatten, Bügelperlen, Backpapier und Magnet

Fertige eine Perlenfigur an, lege Backpapier darüber und bügle das Ganze. (S. a. Idee 009.) Bügle die Perlen evtl. beidseitig, damit sie nicht so leicht brechen. Klebe den Magnet hinten fest.

135 Magnetklammern

Alter: Erwachsene
Materialien: Wäscheklammern,
Magnete und Filzstift

Beschrifte die Wäscheklammern mit Namen und klebe auf die Rückseite einen Magnet. Bastle eine Klammer für jedes Familienmitglied und verwende sie am Kühlschrank für Zettel, Zeichnungen und Dinge, an die man denken soll.

136 Katze

Alter: ab 5 Jahren
Materialien: Pappe (schwarz, 5,5 x 7 cm),
Filz, Basteldraht, Garn (schwarz) und
Schablonen

Rolle die schwarze Pappe zu einem
Rohr und fixiere sie mithilfe der Klebepistole. Stricke nun mit der Strickliesel
eine Rolle von 45 cm, stülpe sie über das
Rohr und klebe sie fest. Lasse dabei an
einem Ende 6 cm als Schwanz überstehen. Stecke ein Stück Draht in den
Schwanz, damit man ihn nach oben
biegen kann. Schneide aus Pappe und
aus Filz mithilfe der Schablone Kopf
und Beine der Katze aus. Klebe den Filz
beidseitig auf die Pappe. Stanze mit der
Lochzange zwei Löcher als Augen, klebe
Kopf und Beine an den Katzenkörper.

137

Alter: ab 4 Jahren
Materialien: Fotokarton,
Papier (weiß) und Holz-
farbstifte

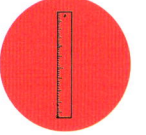

Schneide ein Stück farbigen
Fotokarton und ein Stück
weißes Papier von 10 x 60 cm
zurecht. Klebe sie zusammen
und falte das Ganze fünfmal,
bis die Seiten 10 x 10 cm groß
sind. Zeichne eine Geschichte
auf die Seiten.

Bilderbuch

Haimaske

Alter: ab 4 Jahren mit
Erwachsenen
Materialien: Fotokarton
(schwarz, weiß und blau),
Bleistift, rundes Holzstäbchen
und Schablone

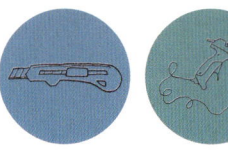

Zeichne mithilfe der Schablone die Einzelteile der Haimaske auf den Fotokarton und schneide sie aus. Klebe Zähne und Augen am Hai fest. Abschließend befestigst du das Holzstäbchen mittig unten an der Rückseite.

139

Alter: ab 4 Jahren mit Erwachsenen
Materialien: Fotokarton (grau), Hobbyfarbe (Gelb und Rot), Papierreste (gemustert), Holzstäbchen und Schablone

Zeichne mithilfe der Schablone eine Eulenform auf Karton und schneide sie aus. Schneide nun aus verschieden gemustertem Papier Schuppen zurecht und klebe sie wie ein Federkleid an die Eule. Male noch Augen und Schnabel auf. Abschließend klebst du das Holzstäbchen mittig an die Rückseite.

Eulenmaske

140

Alter: ab 8 Jahren
Materialien: Stoffreste, Nähgarn,
Füllwatte und Schnur

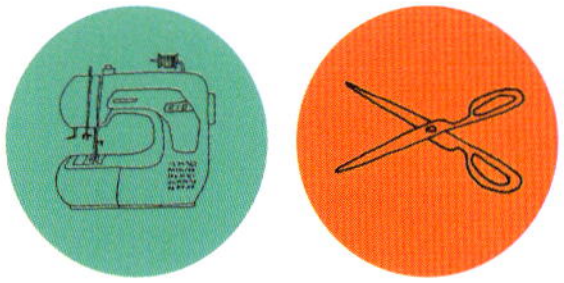

Schneide aus den Stoffresten Herzformen aus und nähe immer zwei davon rechts auf rechts zusammen. Lasse jeweils eine kleine Öffnung, um sie mit der Füllung zu polstern. Wende die Figuren, fülle sie und nähe das Loch mit Nadel und Faden zu. Fertige so viele Herzen, wie du gerne an der Girlande haben möchtest. Nimm mit der Nadel einen Faden auf und stich so durch die Herzen, dass sie mittig an der Schnur sitzen. Mache unter jedes Herz einen Knoten, damit sie auf Abstand hängen.

Herzgirlande

Gestrickter Muffin

Alter: Erwachsene
Materialien: Garnreste (braun und zwei andere Farben), Füllwatte und ein Muffinförmchen

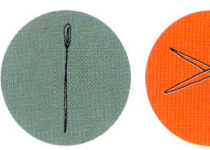  

Muffin:
Schlage so viele Maschen an, dass das Gestrickte ca. 25 cm breit wird.
Stricke mit rechten Maschen ca. 5 bis 10 cm geradeaus mit Streifen à zwei oder drei Farben und kette ab.
Stricke anschließend aus brauner Wolle ein Quadrat von 25 x 25 cm. Nähe die zwei Vierecke zu einem Band von ca. 25 x 10 cm zusammen und nähe das Band zu einem Ring zusammen. Fädle am Rand der braunen Seite eine Schnur ein und ziehe sie stramm, sodass sich der Ring schließt. Fädle auch eine Schnur durch die andere Seite, polstere das Küchlein mit Füllung und schließe das Loch, indem du auch hier die Schnur stramm ziehst.

Dekoration:
Stricke aus vier Maschen ein schmales Band von 40 cm und nähe es als Deko auf das Küchlein.

Alter: alle
Materialien: Fimo-Masse, Plätzchenausstecher und
Bleistift

Lasse die Fimo-Masse in den Händen weich werden
und drücke sie auf dem Tisch flach. Stich mit den
Plätzchenformen Figuren aus. Bringe mit einem Bleistift Löcher zum Aufhängen an. Backe die Figuren
bei 100 Grad für 15 Minuten im Ofen.
Achtung! Die Fimo-Masse muss genau wie auf der
Packung angegeben erhitzt werden.

143

Alter: ab 3 Jahren
Materialien: Fotokarton
oder weiße Pappreste,
Bleistift und Zahnstocher

Zeichne kleine Figu-
ren. Schneide sie
aus und klebe sie an
Zahnstocher.

Deko für
Muffins

144

Minigitarre

Alter: ab 4 Jahren
Materialien: große
Streichholzschachtel,
Hobbyfarbe (Schwarz),
5 Gummiringe, Eisstiel
und ein Streifen Pappe
(1 x 5,5 cm)

Bemale die Streichholz-
schachtel schwarz. Klebe
den Pappstreifen in die
Mitte der Schachtel. Öffne
die Streichholzschachtel
und klebe sie geöffnet an
den Seiten gut fest. Warte,
bis alles gut getrocknet ist.
Spanne dann die Gummi-
ringe darum. Nun kann die
Gitarre mit dem Eisstiel
gespielt werden.

145 Rockstar

Alter: ab 5 Jahren
Materialien: Filz (in verschiedenen
Farben), Bleistift, Füllwatte, Wolle,
Nähgarn, Perlen und Knöpfe

Figur:

Zeichne eine Figur auf den Filz und
schneide sie doppelt aus. Nähe beide
Teile aufeinander und lasse ein kleines Loch übrig, um alles mit Füllung zu polstern. Dann schließt du
auch das Loch. Nähe zwei Knöpfe als
Augen an und sticke einen Mund.
Wickle noch Wolle zu einem kleinen
Knäuel und nähe es als Frisur fest.

Gitarre:

Zeichne eine Gitarrenform auf den
Filz und schneide sie aus. Setze sie
evtl. auch aus verschiedenen Farben
Filz zusammen. Nähe sie an der Figur
fest. Versieh die Gitarre nun noch
mit Details wie Saiten (Fäden) und
Schaltern (Perlen).

146 Fingerpuppen

Alter: ab 8 Jahren
Materialien: Filz
in verschiedenen
Farben, Faden und
Schablonen

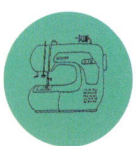

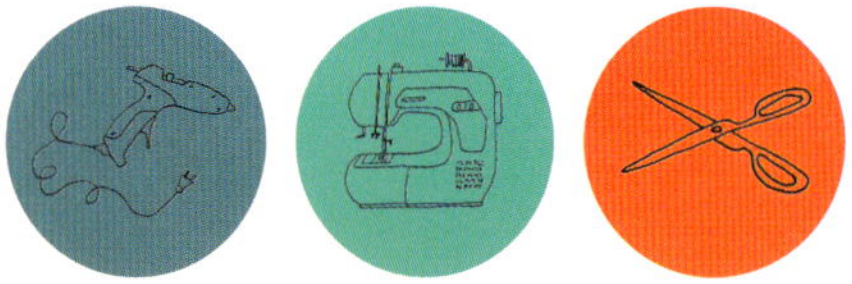

Schneide die Puppen mithilfe der Schablonen
aus dem Filz aus. Fertige für jede Puppe zwei
Körper und zwei Köpfe. Klebe die Körper und
Köpfe zusammen. Lege nun je zwei Körper genau
aufeinander und nähe sie an den Rändern fest.
(Unten offen lassen!) Klebe zum Schluss Augen,
Haare, Mund und Kleiderdetails fest.

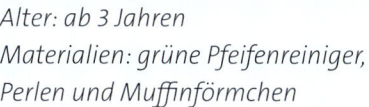

Alter: ab 3 Jahren
Materialien: grüne Pfeifenreiniger,
Perlen und Muffinförmchen

Stich ein Loch in die Böden der
Muffinförmchen. Fädle als Blumen-
mitte eine Perle auf den Pfeifenreiniger. Setze anschließend immer
abwechselnd Muffinförmchen und
Perlen auf den Pfeifenreiniger, bis
deine Blume genügend Blütenblätter hat.

Muffin-
blümchen

148 Korken**boot**

Alter: ab 5 Jahren
Materialien: Weinkorken,
Zahnstocher, Stempel,
Stempelkissen und Papier
(schwarz)

Schneide den Korken mit einem Brotmesser längs auseinander und stecke einen Zahnstocher als Mast hinein. Schneide ein Stück Papier als Segel zurecht und bedrucke es mit einem Piratenmotiv. Stich mit der Ahle oben und unten ein Loch ins Segel und setze es auf den Mast.

149
Spinne

Alter: ab 3 Jahren
Materialien: ein kleines Stück dicke, mehrlagige Pappe von einer Pappschachtel, Farbe (Schwarz) und 2 Pfeifenreiniger (schwarz)

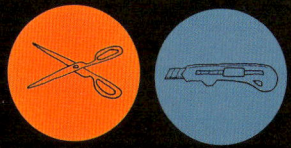

Schneide aus der Pappe den Spinnenkörper aus und bemale ihn mit einem schwarzen Kreuz. Schneide die Pfeifenreiniger in zwei Teile und fädle sie als Beinchen durch die Lagen der Pappe.

150

Engels-
flügel

Alter: ab 8 Jahren
Materialien: 2 Stück Glitzerfilz, Nähgarn, Stickgarn
(ca. 24 cm), Perlen, Lederschnur (1,5 m) und Schablone

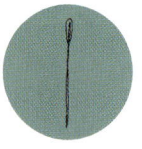

Schneide die Flügel mithilfe der Schablone aus und nähe sie in der Mitte zusammen. Fädle Perlen auf die beiden Enden eines kurzen Stück Garns und nähe es in der Flügelmitte fest. Beklebe jede Flügelspitze mit einer Perle. Nähe nun die Lederschnur so an die Rückseite, dass die Flügel um die Arme auf den Rücken des Kindes gebunden werden können.

151

Feenstab

Alter: ab 3 Jahren
Materialien: Trinkhalm aus
Pappe, Moosgummi mit
Glitzer und Bleistift

Zeichne einen Stern auf die Rückseite des Moosgummis und schneide ihn aus. Klebe ihn dann am Trinkhalm fest.

152
Frosch

Alter: Erwachsene
Materialien: Filz (15 cm),
fluoreszierendes Garn, Reis,
2 Perlen und Schablone

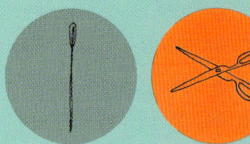 

Schneide mithilfe der Schablone zwei Frösche aus Filz zurecht und nähe sie mit dem Garn am Rand zusammen. Lasse dabei eine kleine Öffnung übrig und fülle den Frosch mit Reis. Danach nähst du auch diese Öffnung zu und befestigst die Perlen als Augen am Kopf des Froschs.

153 **Faltzeichnung**

Alter: alle
Materialien: Papier und Farben

Ein Zeichenspiel für mehrere Mitspieler: Der erste zeichnet einen Kopf und faltet dann das Papier so, dass der nächste nur den Hals sehen kann, nicht aber den Kopf. Der nächste also zeichnet nun den Oberkörper, faltet das Papier wieder und gibt es weiter. Wiederholt das Ganze, bis die Figur komplett ist.

154 Nostalgiebox

Alter: Erwachsene

Suche dir eine Schachtel oder Kiste, in der du
Dinge sammelst, die dich an die erste Zeit mit
deinem Baby erinnern. Für Kleidung oder Stofftiere kannst du dir ein Säckchen nähen. Aufbewahren kannst du z.B. den ersten Schnuller,
Söckchen, Stofftierchen, Zeichnungen, Geburts-
tagskarten und andere Glückwünsche.

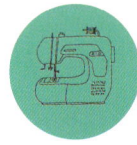  

Das Säckchen:

*Materialien: ein Stück Stoff (40 x 30 cm), Schrägband
(60 cm) und Faden.*

Schlage den Stoff 1 cm breit um und danach nochmals
1 cm, sodass sich an der Seite ein Tunnel bildet, der 40 cm
lang ist. Falte den Stoff so, dass er doppelt rechts auf
rechts liegt und 40 x 27 cm misst. Nähe die Seiten und
den Boden zusammen und wende das Säckchen. Falte das
Schrägband längs und nähe es zusammen. Ziehe es nun
mit einer Sicherheitsnadel als Zugband durch den Tunnel.

155

Alter: Erwachsene
Materialien: Strumpfhose,
Nähgarn und Rüschen-
band (2,5 cm)

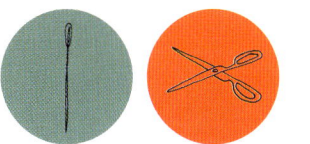

Stecke mit einer Nadel die Rüschen am Hosenboden der Strumpfhose fest. Befestige das Band etwas lockerer, damit das Ganze nicht zu straff sitzt, wenn das Kind die Strumpfhose anzieht. Stecke etwa zehn Reihen an und nähe das Band mit Nadel und Faden fest.

Zier-
rüschen

Alter: ab 3 Jahren
Materialien: Filz, Bleistift und
Gummiband

Setze ein Glas auf den Filz,
zeichne den Umriss nach und
schneide den Kreis aus. Knipse
dann mit einer Lochzange zwei
Löcher an die Seiten. Ziehe nun
das Gummiband hindurch,
sodass die Augenklappe über
den Kopf gezogen werden kann.

156

Augenklappe

157 Muschelmonster

Alter: ab 4 Jahren
Materialien: 2 Muschelschalen, Fotokarton
(schwarz), 2 Holzperlen und Filzstift (schwarz)

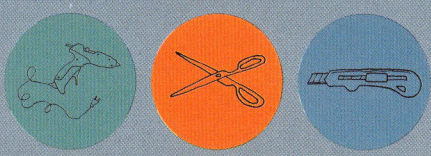

Miss den Umfang der Muschel etwa 1 cm innerhalb des Randes. Schneide eine gebogene Form als Kiefer mit eben-diesen Maßen zurecht. Sie sollte an der breitesten Stelle 2,5 cm betragen. Schneide Zacken in den Karton und klebe das Ganze in einer der Schalen fest. Male die Perlenlöcher schwarz an und klebe die Perlen oben auf die andere Schale. Klebe nun die Schalen zusammen.

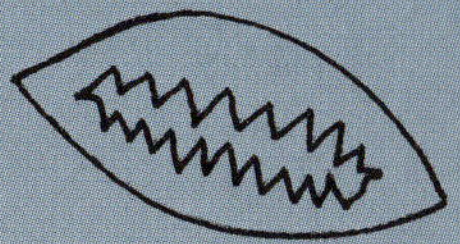

Armband**uhr**

Eine eigene Armbanduhr zum Spielen und um die Uhrzeit zu lernen.

Alter: ab 5 Jahren
Materialien: Pappe, Wellpappe, Filzstift (schwarz) und Musterklammern (schwarz)

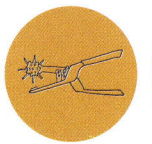  

Zeichne mithilfe eines Glases einen Kreis auf die Pappe und zeichne die Ziffern ein. Knipse nun mit der Lochzange ein Loch in die Mitte. Schneide aus der Wellpappe ein Armband (22 x 1,5 cm) zurecht. In die Mitte dieses Armbandes bohrst du ein Loch, um das Ziffernblatt darauf zu befestigen. Schneide zwei Zeiger von 2,5 cm und 3,5 cm Länge aus, etwa 0,5 cm breit. Schneide sie spitz zu, bemale sie schwarz und stich ins andere Ende jeweils ein Loch. Setze nun das Ziffernblatt, die Zeiger und das Armband mit einer Musterklammer zusammen. Stich Löcher ins Ende des Armbands, damit man es um das Handgelenk legen und mithilfe einer Musterklammer verschließen kann.

159
Mumie

Alter: ab 4 Jahren
Materialien: Basteldraht, weißes
Strickgarn, 2 Perlen (schwarz) und ein
Karabinerhaken

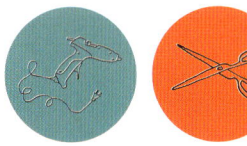 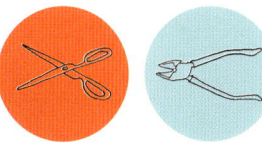

Forme aus dem Basteldraht ein Ske-
lett. Der Draht soll nun so um den
Karabinerhaken gewickelt werden,
dass eine Figur mit Armen und Beinen vom Haken herabhängt. Wickle
nun die Wolle um die Figur, bis sie
wie eine Mumie aussieht. Bestreiche die Wolle dabei immer wieder
mit etwas Klebstoff, damit alles hält.
Klebe zum Schluss das Fadenende an
die Rückseite der Figur und befestige
die Perlen als Augen.

Schlüssel-anhänger

Alter: alle
Materialien:
Schlüsselanhänger mit
Platz für ein Bild oder eine
Kinderzeichnung

Nimm eine kleine Zeichnung oder ver-
kleinere eine mit dem Kopierer, damit
sie in den Schlüsselanhänger passt.
Schneide die Zeichnung aus und stecke
sie in den Anhänger.

161

Alter: ab 3 Jahren
Materialien: Milchkartons,
Hobbyfarben und Wellpappe

Bemale den Milchkarton wie ein Haus. Schneide Türen- und Fensteröffnungen hinein. Klebe Details aus Wellpappe ans Haus, z. B. Fensterrahmen, die Hausnummer und die Tür. In ein langes Stück Pappe schneidest du an einer Seite Zacken und stellst es als Zaun um das Haus herum auf.

Haus aus Milchkartons

162

Zier-
zweig

Alter: Erwachsene und Kinder
Materialien: Ast, Reste von Stoff-
bändern, Malernband, ein Stück
farbiges Klebeband und Spielzeug

Befestige an einer Seite des Astes
ein Stoffband mit Klebeband. Wickle
es um den Ast herum und befestige
es am Ende wiederum mit farbigem
Klebeband. Du kannst den Ast so
über die ganze Länge mit verschiedenfarbigen Bändern schmücken.
Hänge Spielzeug an den Ast und
dekoriere damit das Kinderzimmer.

163

Alter: Erwachsene
Materialien: Stoffreste,
Schrägband (3 m) und Garn

Schneide aus verschiedenen
Stoffen dreieckige Wimpel aus
und nähe an einem Rand das
Schrägband fest. Schlage das
Schrägband nun um den Wim-
pelrand und nähe es auf der
anderen Seite auch an. Hänge
die Wimpel z. B. über das Bett
oder verwende sie als Dekoration für den Kindergeburtstag.

Wimpel

164

Alter: ab 3 Jahren
Materialien: 11 leere Klopapierrollen,
Hobbyfarbe, Glitzer, Sternchenpail-
letten, Miniperlen und Gummiband

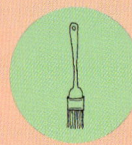

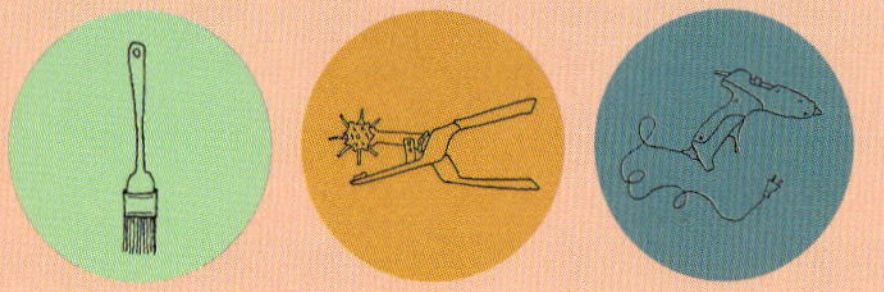

Knipse mit der Lochzange jeweils
zwei Löcher in die Enden der Klopapierrollen. Fädle oben und unten
ein Gummiband durch die Enden
der Rollen und binde sie so zu einer
Krone zusammen. Bemale und dekoriere sie abschließend mit Glitzer,
Perlen und Sternchen.

Prinzessinnenkrone

165 Anziehpuppe

Alter: ab 5 Jahren
Materialien: Kinder-
foto, Pappe, Papier
mit verschiedenen
Mustern und Filzstift
(schwarz)

Schneide das Kinderbild aus. Falls es kein Ganzkörperbild ist, schneidest du den Rest des Körpers aus gemustertem Papier zurecht. Lege die Puppe auf das Papier und zeichne, ausgehend von der Silhouette, verschiedene Kleidungsstücke. Schneide diese aus und lasse dabei kleine Stege an der Seite stehen, damit man die Kleider um die Puppe falten kann.

166 Ufo

Alter: ab 2 Jahren
Materialien: 2 Plastikteller, Hobbyfarben und ein Watteei

Bemale die Teller und das Ei. Wenn die Teller getrocknet sind, werden sie zusammengeklebt. Schneide das Ei auseinander und klebe den einen Teil mittig auf die Oberseite und den anderen mittig auf die Unterseite des Tellers .

167

Alter: alle
Zutaten: 100 ml Spülmittel,
400 ml Wasser und 1 Tl. Glycerin
Materialien: Stahldraht und
Behälter für die Seife

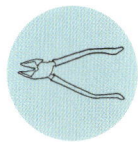

Vermische die Zutaten im Behälter. Biege den Draht zu einem Seifenblasenring. Nun kannst du ganz einfach Seifenblasen pusten, indem du den Seifenblasenring in die Seifenlauge tauchst und vorsichtig hindurchbläst.

Seifen-
blasen

168 Lavendelsäckchen

Alter: Erwachsene
Materialien: Lavendel, 2 Stücke Stoff (je 10 x 10 cm) und Nähgarn

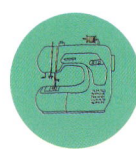 

Lavendelzweige:

Am besten pflückst du die Lavendelzweige für das Duftsäckchen im Juli, kurz bevor sich die Blüten öffnen. Hänge die Zweige, gerne auch überdacht im Freien, zum Trocknen auf.

Säckchen:

Lege die zwei Stücke Stoff rechts auf rechts und nähe drei der Seiten zusammen. Drehe das Säckchen um und fülle es mit Lavendel. Nähe nun auch die vierte Seite zu.

Lege die Säckchen in den Kleiderschrank des Kindes. Sie duften gut und halten zudem auch noch lästige Motten fern.

Alter: Erwachsene
Materialien: Kleiderbügel,
Schnur und kunterbunter
Krimskrams

Hänge den Krimskrams
mit einer Schnur an den
Kleiderbügel. Wähle hier-
bei Dinge mit verschie-
denen Formen und in
unterschiedlichen Farben
aus. Den Kleiderbügel
kann man auch einfach
mit in den Garten oder
auf den Balkon nehmen,
wenn man es sich im
Freien gemütlich machen
möchte.

169 Babymobile

Geburtstags-einladung

Alter: Erwachsene
Materialien: Tonpapier
(13 x 20 cm), Bleistift, Filzstift
und Schablone

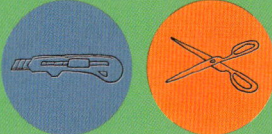

Falte das Tonpapier so in der Mitte, dass es 13 x 10 cm misst. Zeichne mithilfe der Schablone eine Torte in die Kartenmitte und schneide sie wie auf der Abbildung aus. Falte die Karte so, dass die Torte in der Mitte hervortritt. Beschrifte nun die Einladung noch, wie du magst.

|7| Flaggengirlande

Alter: Erwachsene
Materialien: Fotokartonreste,
Bleistift, Schnur und Bilder deiner
Kinder

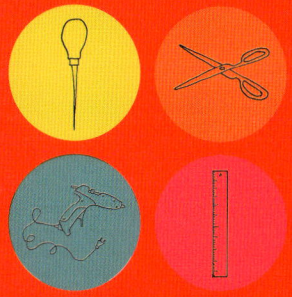

Schneide aus dem Karton Flaggen
in verschiedenen Größen aus. Klebe
Streifen oder Kreuze in passenden
Farben auf die Flaggen. Stich mit
der Ahle ein kleines Loch in jede
Flagge und fädle die Flaggen nun
im 10-cm-Abstand auf. Beklebe sie
eventuell noch mit Bildern deiner
Kinder. Du kannst jedes Jahr aktuelle Bilder hinzufügen, sodass du
am Ende eine Girlande vom Baby-
alter bis heute hast. Oder du verwendest einfach viele schöne Bilder
der ganzen Familie.

172

Alter: ab 5 Jahren
Materialien: Stoff (weiß), Bleistift und Nähgarn

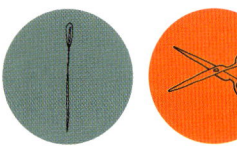

Zeichne mit Bleistift ein Gespenst auf den Stoff, lege ihn doppelt und schneide den Umriss aus. Schneide in eine Seite Löcher für die Augen und umnähe ihre Ränder. Nähe das Gespenst nun mit Nadel und Faden zusammen.

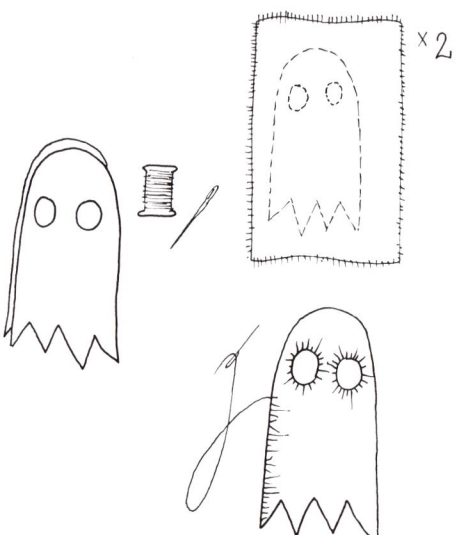

Gespenst

173

Alter: ab 4 Jahren
Materialien: Muschelschalen und Hobbyfarbe

Bemale die Innenseiten der Muschelschalen mit
Mustern, Blumen und Sternchen.

Muschelschalen
mit Muster

174

Alter: alle Altersstufen mit einem Erwachsenen
Materialien: Marshmallows und ein Holzstäbchen

Spieße ein Marshmallow auf und grille es über dem Lagerfeuer oder Grill. Achtung: Die Marshmallows werden sehr heiß! Pass also gut auf, dass du dich beim Essen nicht daran verbrennst.

Marshmallows

Sonnwendhexe

Alter: ab 4 Jahren
Materialien: Holzstab, Zeitung,
Wattekugel, Hanfschnur oder
Hanfgarn, Zahnstocher und
Filz (grau)

Wickle die Zeitung um den Stab
und binde sie mit der Schnur
fest. Schneide nun Streifen in
die Zeitung. Klebe die Wattekugel an der Spitze des Holz-
stabs fest. Umwickle die Kugel
so lange mit Hanfschnur, bis
ein Kopf entstanden ist. Lege
den Filz als Mantel um die Hexe
und fixiere ihn mit Schnur am
Hals. Schneide den Filz unten
etwas auf, damit man die Zeitung sehen kann. Bestreiche
einen Zahnstocher mit etwas
Klebstoff, umwickle ihn mit
Schnur und stecke ihn als Nase
in den Kopf. Gib zwei Kleb-
stoffkleckse auf den Kopf, rolle
etwas Schnur zu Augen und
klebe sie fest.

Mini-Ufos

Alter: ab 4 Jahren
Materialien. Toffifee-Schachtel,
silbernes Moosgummi,
Streichhölzer, Bleistift und
Silberfarbe

Schneide für jedes Ufo aus
der leeren Toffifee-Packung
zwei Halbkugeln aus. Zeichne
mithilfe eines Glases einen
Kreis auf das Moosgummi
und schneide ihn aus. Klebe
die Scheibe wie bei einem
Ufo zwischen die beiden
Halbkugeln. Brich die Streichhölzer in der Mitte durch,
bemale sie silbern und klebe
sie als Landebeine ans Ufo.

177

Alter: ab 5 Jahren
Materialien:
Gänseblümchen,
Bindfaden

Pflücke dir viele Gänseblümchen mit langem Stiel. Lege nun vier Blumen längs aufeinander, die Köpfchen alle auf derselben Höhe. Nimm jetzt eine neue Blume und lege sie direkt unterhalb der vier Blüten senkrecht auf die vier Stiele. Schlinge ihren Stiel nun einmal um die vier Stiele herum und führe den Rest des Stiels dann parallel zu den übrigen Stielen. Winde so nach und nach immer mehr Blümchen um die Stiele, bis der Kranz lang genug ist. Am Ende verschließt du ihn mit Bindfaden.

Blumenkranz

178

Astronaut

Alter: ab 5 Jahren
Materialien: Pappe (weiß),
Filzstift (schwarz), Schnur,
eine transparente und
befüllbare Weihnachtskugel

Lege eine halbe durchsichtige Weihnachtskugel auf die Pappe und zeichne den Umriss nach. Bemale den Kreis mit einem lustigen Gesicht und zeichne den Körper darunter. Schneide den Astronauten aus und klebe die Kugel um den Kopf herum fest. Befestige eine Schnur an der Kugel und hänge den kleinen Astronauten auf.

179

Alter: ab 4 Jahren
Materialien: Papier und Filzstift

Zeichne eine Rakete auf ein Stück Papier und schneide sie aus. Lege sie unter ein weiteres Stück Papier und zeichne sie nach, sodass du zwei identische Raketen hast. Schneide in die eine Rakete von unten bis zur Mitte einen Schlitz. Schneide die andere Rakete von oben her ein und schiebe beide im rechten Winkel ineinander.

Rakete

180

*Zutaten: 10 große
Holunderblütendolden,
5 unbehandelte Zitronen, 1 l Wasser,
20 g Zitronensäure, 1 kg Zucker
Das ergibt ca. 2 Liter konzentrierten
Sirup*

Lege die Blüten in eine Schüssel.
Presse die Zitronen aus. Gieße den
Saft zusammen mit dem Wasser
über die Blüten und gib Zitronensäure hinzu. Stelle das Ganze nun
24 Stunden kühl. Gieße das Wasser anschließend durch ein Sieb in
eine andere Schüssel und gib den
Zucker hinzu. Lasse den Sirup nun
weitere 24 Stunden ziehen. Rühre
dabei immer wieder um, bis sich der
Zucker aufgelöst hat.
Erhitze den Sirup nun vorsichtig. Er
darf jedoch nicht kochen! Bereite dir
ausgekochte Flaschen vor und gieße
den fertigen Sirup in die Flaschen.

Holunder-
blütensirup

181

Alter: ganze Familie
Materialien: Papier (weiß und gemustert) und Blumen

Sammle im Garten, am Wegesrand oder im Wald hübsche Blumen. Nimm sie mit nach Hause und presse sie. Lege sie dafür zwischen zwei Seiten Papier und beschwere das Ganze. Lasse sie so ungefähr eine Woche trocknen. Klebe die gepressten Blumen danach vorsichtig ein.

Buch:

Falte das weiße Papier längs der Mitte und dann zu einem Leporello. Falte ein Stück gemustertes Papier zu einem Buchumschlag und lege das weiße Leporello hinein. Bestreiche die Papierfalten mit etwas Klebstoff, damit die Seiten zusammenhalten. (Erweitere das Buch mit weiteren Seiten, wenn du magst.)

Herbarium

182 Fische im Korallenriff

Alter: ab 3 Jahren
Materialien: Naturschwamm,
Papier und Filzstift

Zeichne Fische und andere Meeresbewohner und schneide sie aus. Reiße oder schneide Löcher in den Schwamm, in denen sich die Fische verstecken können. Klebe die Fische in den Löchern fest.

183 Spiel mit

Alter: ab 3 Jahren
Materialien: trockene
Baumstümpfe, Zahlen-
schablonen, Bleistift und
Farbe

Die schönen Holzstümpfe eignen sich zum Drauf-setzen und für das Spiel »Nicht den Boden berüh-ren«. Schleife ein Ende des Baumstumpfes glatt und bemale es. Lasse die Farbe trocknen und schleife nochmals darüber. Bemale ihn ein zweites Mal. Wenn die Farbe getrocknet ist, zeichne mithilfe der Schab-lone eine Zahl in einer anderen Farbe darauf.

Spielregel: Die Stümpfe (und Stühle o. a.) stehen im Kreis. Alle müssen im Kreis darüberkraxeln und dürfen den Boden nicht berühren.

184 Hampelmann

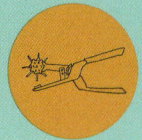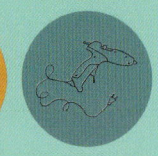

Alter: ab 5 Jahren
Materialien: Pappe, Musterklammern,
Foto mit einem Kindergesicht, Papier
(gemustert), Farben und Schnur

Schneide das Gesicht aus. Dann schneidest du aus Pappe einen passenden Körper, Arme und Beine aus. Klebe gemustertes Papier auf die Pappe. Füge Körper und Kopf mit Klebstoff zusammen. Stich Löcher in Arme und Beine und dort in den Körper, wo Arme und Beine angefügt werden. Setze die Teile mit einer Musterklammer zusammen. Verbinde die Klammern an der Rückseite mit Schnüren. Knote zum Schluss eine Zugschnur an die Verbindungsschnüre, damit der Hampelmann auch richtig hampeln kann.

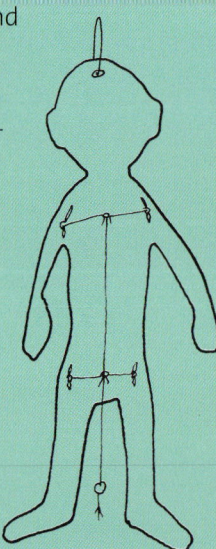

185 Süßer Schatz

Bei Kindergeburtstagen ist
eine Schatzsuche immer der
absolute Renner. Bastle einen
schönen Schatz, über den sich
alle Kinder freuen.
Verwende für den Schatz eine
große alte Holzkiste. Verziere
sie mit vielen Perlenketten
und buntem Seidenpapier. In
unserem Schatz finden sich
Süßigkeitentütchen, Kro-
nen und ein Kuchen. Derjenige, der den Schatz findet,
bekommt die große Krone,
die den Kuchen schmückt
(s. Idee 186), als Belohnung.

Süße Tütchen:

Alter: Erwachsene
*Materialien: Süßigkeiten-
oder Pralinentütchen aus
Cellophan, Süßigkeiten, Schnur
und Häppchenspieße in
Schwertform*

Fülle die Tütchen mit Süßigkeiten und verschließe sie
mit Bändern, an denen du die
Schwerter befestigst.

186 Schatzsucherkuchen

Der Kuchen ist Teil des Schatzes, wenn ihr beim Kindergeburtstag eine Schatzsuche macht (s. Idee 185). Derjenige, der den Schatz findet, bekommt die Kuchenkrone als Belohnung.

Kuchen:

Zutaten: 4 Eier, 450 g Zucker, 200 g Butter, 350 g Mehl, 2 Tl. Backpulver, 200 ml Milch und 1 Packung Himbeeren.

Zutaten für die Deko: 1 Packung Himbeeren, ein paar Erdbeeren, Kuchendeko, Süßigkeiten, Minzblätter und Nelkenblüten.

Schlage Eier und Zucker miteinander schaumig. Lasse die Butter schmelzen. Vermische Mehl und Backpulver, gib es zusammen mit Butter und Milch zur Zucker-Ei-Masse. Rühre die Beeren unter. Fette eine Springform und gieße den Teig hinein. Backe den Kuchen 45 Min. bei 180 Grad. Stich in den Kuchen, um zu sehen, ob er fertig ist. Lasse den Kuchen nun abkühlen und dekoriere ihn dann.

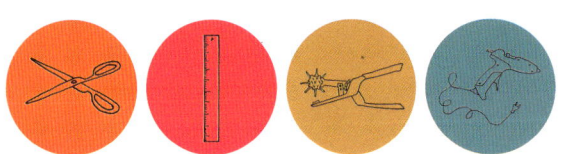

Die Krone:

Materialien: Goldpapier, Papier (mit Karomuster), Pailletten und 2 Musterklammern

Miss den Umriss des Kuchens und schneide demgemäß ein 10 cm hohes Stück Goldpapier aus. Schneide Zacken wie bei einer Krone ins Papier.

Klebe die Krone auf das karierte Papier und schneide sie aus. Schmücke sie mit Pailletten und Steinchen. Zum Verschließen der Krone stich Löcher für Musterklammern in den Rand und ebenso Löcher weiter innerhalb der Krone, sodass sie um einen Kinderkopf passt. Lege die Krone um den Kuchen.

Medaillen

Alter: ab 4 Jahren
Materialien: 2 Schokoladenförmchen für
Eiskonfekt, Pappe, flaches Band (60 cm) und
Filzstift (schwarz)

Streiche die Schokoladenförmchen glatt.
Kürze beim einen Förmchen den Rand rundherum etwas. Lege die beiden Förmchen,
mit dem Band auf der Rückseite, übereinander und hefte sie in der Mitte zusammen.
Schneide ein kleines Stückchen Pappe für
die Medaillenmitte aus. Schreibe eine Num-
mer darauf und klebe es auf die Medaille.

188 Melonenschüssel

Zutaten: Wassermelone, Äpfel, Bananen, Weintrauben.
Eigentlich kann man hierfür jede Art von Frucht verwenden.
Schneide die Früchte in Stückchen. Halbiere die Melone und höhle sie mit einem Löffel
aus. Nun vermischst du Melonen- und Fruchtstücke in der ausgehöhlten Melonen-
hälfte miteinander.

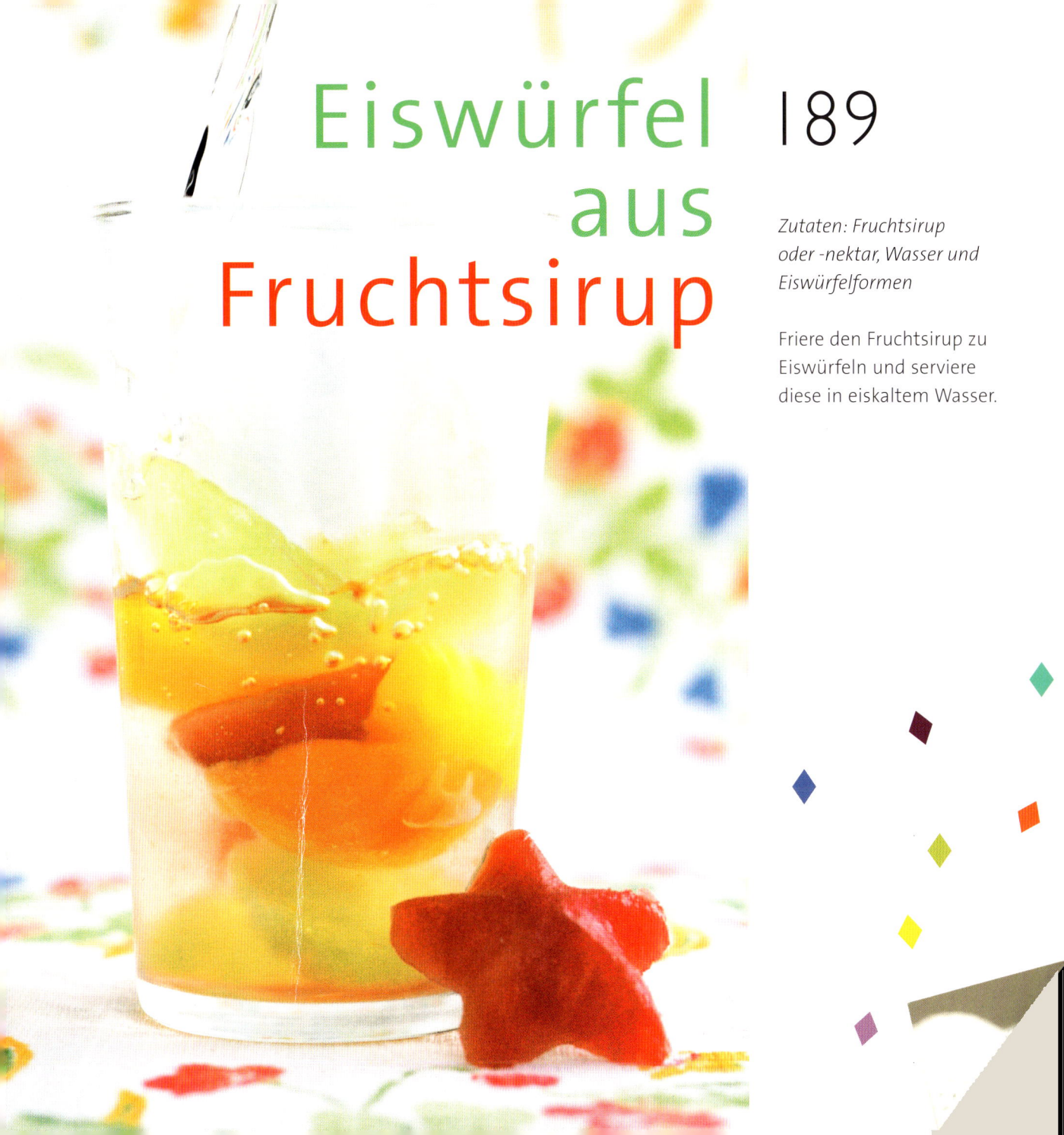

Eiswürfel aus Fruchtsirup

Zutaten: Fruchtsirup oder -nektar, Wasser und Eiswürfelformen

Friere den Fruchtsirup zu Eiswürfeln und serviere diese in eiskaltem Wasser.

190

Alter: ab 3 Jahren
Materialien: Lederschnur
(70 cm), Lederreste, Filzreste
und ausgestanzte Stoffblumen

 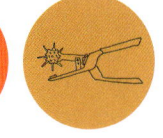

Schneide aus den Leder- und
Filzresten kleine Blümchen
aus. Knipse ein Loch in die
Mitte der Blumen und fädle
die Leder-, Filz- und Stoffblumen auf die Schnur. Schließe
die Kette mit einem Knoten.

Blumenkette

191

Alter: ab 8 Jahren
Materialien: 2 Stück Pappe
(DIN A4, schwarz), Bleistift,
Schnur (schwarz) und Schablone

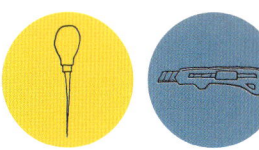

Zeichne mitilfe der Schablone ein Schild auf die Pappe und schneide es mit dem Teppichmesser aus. Bohre nun mit der Ahle Löcher in die Ecken des Schildes. Fädle eine Schnur durch die Löcher und hänge das Schild als Dekoration auf.

Schild

192 Libelle

Alter: ab 6 Jahren
Materialien: Draht, Stoff (weiß) und Filzstifte

Nimm ein Stück Draht von ca. 8 cm Länge als Körper. Umwickle dieses Stück mit mehr Draht, damit der Körper dicker wird. An einem Ende biegst du einen Kopf zurecht. Etwas unterhalb wickelst du nun ein Stück Draht für zwei Flügel um den Körper und bringst sie in die passende Form. Dasselbe machst du nochmals etwas unterhalb. Schneide nun Stoff in der Größe der vier Flügel aus und bemale ihn. Klebe den Stoff als Flügel auf die Libelle.

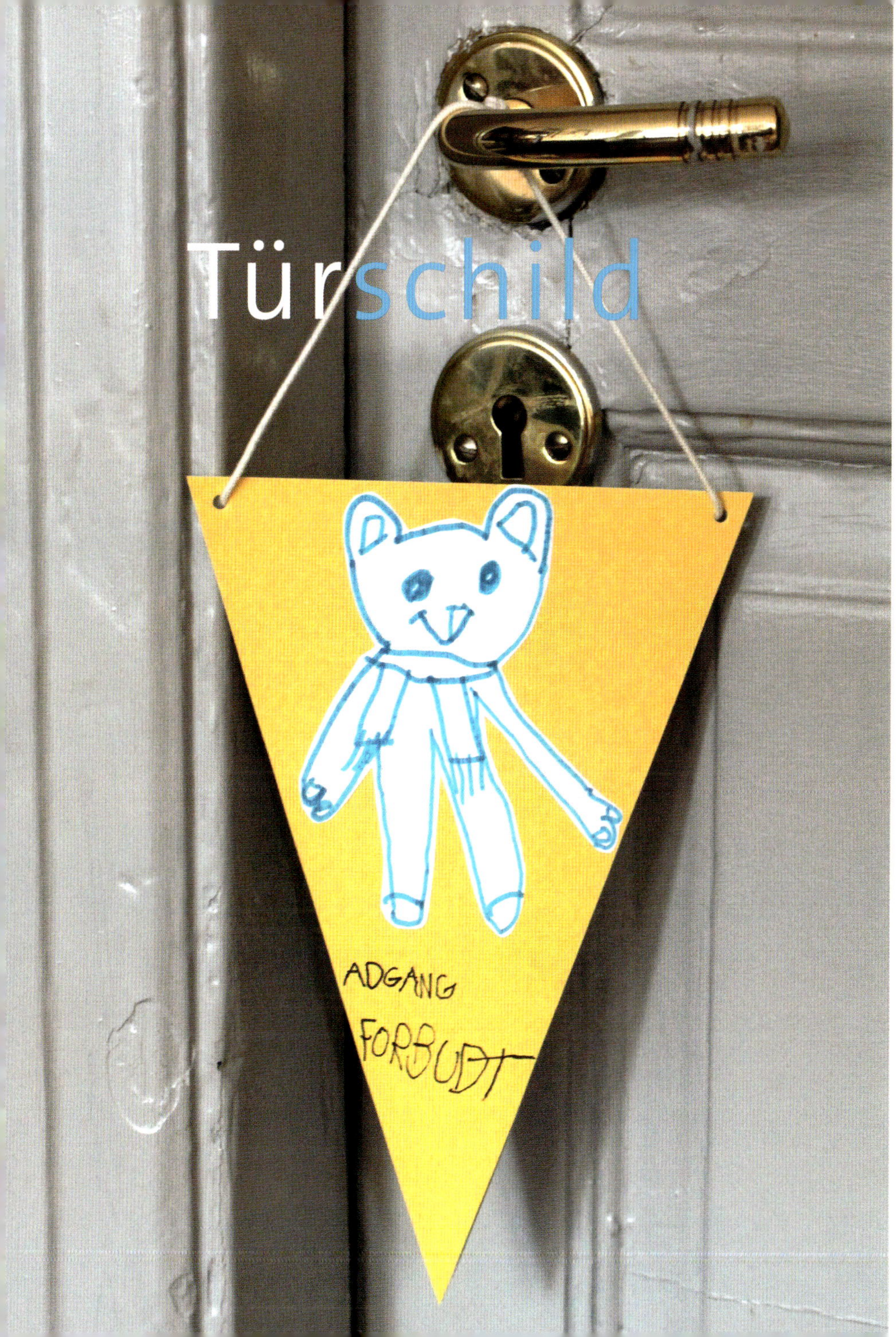

Türschild

193

Alter: ab 3 Jahren
Materialien: Pappe,
Schnur, Zeichnung und
Filzstift (schwarz)

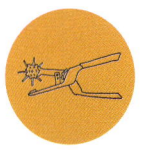 

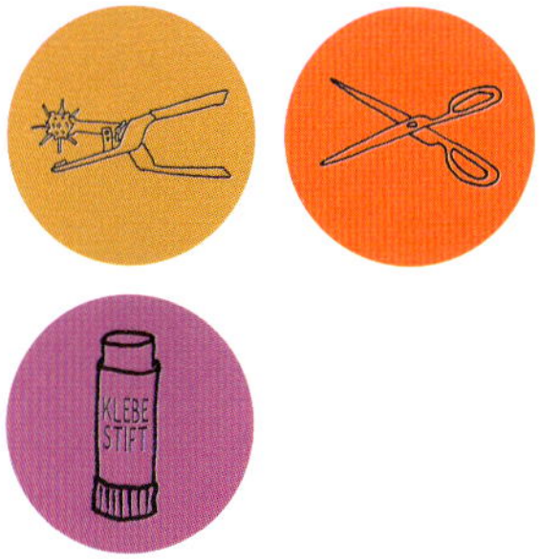

Schneide ein Dreieck aus
Pappe aus. Beschrifte es
mit »Zutritt verboten«
und klebe eine Zeichnung
darauf. Stich zwei Löcher
in die Ecken des Schildes,
damit man es an einer
Schnur aufhängen kann.

ADGANG
FORBUDT

Muschel-kette

Alter: ab 3 Jahren mit Erwachsenen
Materialien: Schnur, Muschelschalen und
Schmucksteine

Bohre mit der Ahle vorsichtig Löcher in
die Schalen. Fädle sie auf eine Schnur und
binde sie zu einer Kette zusammen. Klebe
zum Schluss noch Steinchen als Schmuck
in ein paar der Schalen.

195 Erdbeereis mit Banane

Zutaten: 4 Eigelb, 150 g Zucker, 4 Tl. Vanille, 300 ml Milch, 300 ml Sahne, eine kleine Packung Erdbeeren und eine Banane

Eigelb, Zucker und Milch in einer Schüssel glatt rühren. Das Ganze nun unter ständigem Rühren erwärmen, bis es leicht kocht. Gib die Masse nun in eine Schüssel und lasse sie abkühlen. Wenn die Masse komplett abgekühlt ist, gibt man pürierte Erdbeeren, Sahne und Vanille hinzu. Nun das Ganze in einer Eismaschine oder im Tiefkühler gefrieren lassen. Stellst du die Eismasse ins Tiefkühlfach, solltest du sie einmal pro Stunde durchrühren.

Serviere das Erdbeereis am besten mit pürierter Banane.

196 Zapfen**spiel**

Alter: ab 2 Jahren
Materialien für 3 Spieler:
9 Zapfen und Hobbyfarben

Bemale die Spitzen der Zapfen in drei Farben – für jeden Spieler drei Zapfen. Die Spieler vereinbaren ein Ziel, auf das sie nun abwechselnd werfen oder schießen. Derjenige, der am Ende am dichtesten am Ziel ist, hat gewonnen.

197 Bemalte Steine

Alter: alle
Materialien: Steine und Hobbyfarben

Bemale die Steine mit Mustern oder Motiven.

Röckchen

Alter: Erwachsene
Materialien: 2 Stoffwindeln,
Gummiband (50 cm lang, 2 cm breit),
Nähgarn und Band mit Muster (2 m)

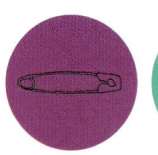  

Nähe die beiden Stoffwindeln seitlich zusammen und wende sie mit dem Saum nach innen. Nähe an einem Rand das Schmuckband fest. Falte den anderen Rand zweimal, zuerst 1 cm und danach 2,2 cm, sodass ein Tunnel entsteht. Nähe den Tunnel zusammen und lasse dabei für das Gummiband eine Öffnung von 3 cm übrig. Miss die Taille des Kindes, schneide das Gummiband passend zurecht und ziehe es mit der Sicherheitsnadel durch den Tunnel. Nähe die Enden des Gummis zusammen und schließe am Ende das Loch im Tunnel.

199 Schoko-Erdbeeren

Zutaten: 1 Packung Erdbeeren,
100 g Schokolade und Kuchenstreusel

Lasse die Schokolade bei schwacher Hitze schmelzen. Tauche die Erdbeeren erst in die flüssige Schokolade und dann in Kuchenstreusel und lasse alles abkühlen.

200 Angelspiel

Alter: Erwachsene
Materialien: Fischbilder, Magnete,
Pappe, 2 Stöckchen und Schnur (in
zwei verschiedenen Farben)

Klebe die Fischbilder auf Pappe
und schneide sie einzeln aus.
Klebe je einen Magneten
auf die Rückseite. Wickle
ein Stück Schnur
um ein Stöckchen
und fixiere es
mit etwas
Klebstoff

Befestige
zum Schluss
einen Magne-
ten am Ende der
Schnur.

Kette mit Perlenfigur

201

*Alter: ab 5 Jahren
(Hinweis: Bügeln sollte ein
Erwachsener.)
Materialien: Stiftplatte,
Bügelperlen, Backpapier
und Schnur*

  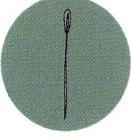

Fertige auf der Stiftplatte
ein Motiv deiner Wahl,
lege Backpapier darauf
und bügle so lange, bis die
Perlen zusammenhängen.
(Siehe auch Idee 009.) Für
eine Halskette fädelst du
nun einfach eine Schnur
durch das Motiv.

202 Schnürsenkel

Alter: *Erwachsener*
Materialien: *Schuhe und Stoffrest*

Reiße aus dem Stoffrest ein Band von ca. 45 cm Länge und ca. 1 cm Breite. Tausche nun die Schnürsenkel der Schuhe gegen das Band aus.

203 Pfannkuchen

Zutaten für 4 Pers.: 250 g Mehl, ¼ Tl. Salz, 500 ml Milch, 4 Eier, Butter oder Öl zum Braten
Gib Mehl und Salz in eine Schüssel, vermische sie und füge unter ständigem Rühren die
Milch hinzu, sodass der Teig nicht klumpt. Schlage nacheinander die Eier hinein.
Lasse den Teig nun 30 Min. ruhen und backe die Pfannkuchen dann in einer heißen Pfanne
mit etwas Butter oder Öl. Serviere sie z. B. mit Marmelade und gehackten Mandeln.

204

Alter: alle
Materialien: Plastik-
behälter, Schnur, Pappe
und Filzstift

Wer aus dem Urlaub
zurückkommt, will sich
meist gerne die schö-
nen Andenken hübsch
aufbewahren.
Nimm dafür einen trans-
parenten Behälter und
befestige ein Band samt
kleinem Pappetikett daran.
Darauf vermerkst du, von
wann und wo die Mit-
bringsel sind.

Strandfunde

Der Löwenzahn blüht von April/Mai bis in den Spätsommer hinein. Pflücke ihn, wenn er bereits verblüht ist, puste vorsichtig und schaue, wie die Samen davonsegeln. Probiere auch mal ein Buchenblatt – frisch ausgetriebene Buchenblätter schmecken gut im Salat.

Die Natur tut uns gut! Denk daran, dass du häusliche Aktivitäten auch einfach mal nach draußen verlegen kannst, wenn das Wetter passt. Schnappe dir Malsachen und Papier und ab ins Freie. So eine spontane Zeichenpause könnt ihr auch zum Abschluss eines langen Tages einlegen.

205

Natur

Totempfahl

Alter: ab 4 Jahren
Materialien: Ast oder
kleiner Baumstamm und
Acrylfarbe

Schrubbe den Ast ein
bisschen ab und lasse ihn
trocknen, dann hält die
Farbe besser. Bemale das
Holz mit farbigen Mus-
tern und Gesichtern, bis
es wie ein geheimnisvoller
Totempfahl aussieht.

207

Walderdbeeren am Halm

Alter: ab 3 Jahren
Materialien: Walderdbeeren und Grashalm

Fädle die Erdbeeren auf einen Grashalm. Das macht
Spaß und so halten die leckeren Beeren länger.

Alter: ab 3 Jahren
Materialien: Pappreste,
Hobbyfarbe und Draht (pro
Schmetterling 30 cm)

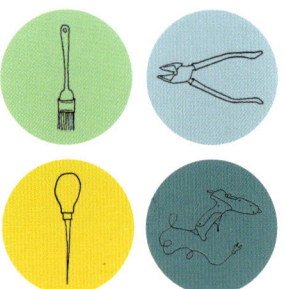

Male bunte Schmetterlinge
auf Pappe, lasse sie trocknen und schneide sie aus.
Knipse nun zwei Stücke
Draht (10 cm und 20 cm)
ab. Klebe den langen Draht
unten an der Rückseite
eines Schmetterlings fest.
Das 10 cm lange Drahtstück
wickelst du so um eine Ahle,
dass eine Spirale entsteht.
Knicke die Spirale in der
Mitte, ziehe sie beidsei-
tig leicht auseinander und
klebe sie als Fühler an den
Schmetterling.

Schmetterlinge

209 Stundenplan

Alter: ab 5 Jahren
Materialien: ein Stück feste Pappe (schwarz),
schmales Klebeband, Bleistift, Filzstift
(schwarz), Fotokarton in verschiedenen
Farben und Klettpunkte (schwarz)

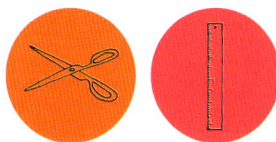

Mit diesem Plan lassen sich Aktivitäten, Hausaufgaben und anderes besser organisieren: Die Schildchen mit Klettpunkt kann man immer wieder versetzen!

Unterteile die Pappe mit dem Klebeband in fünf Spalten und beschrifte sie oben mit Wochentagen. Klebe den unteren Teil der Klettpunkte auf den Plan. Schneide kleine, verschiedenfarbige Kartonstücke (à 2 x 3 cm) zu. Zeichne die Wochenaktivitäten auf die Schildchen und klebe den anderen Teil der Klettpunkte auf die Rückseite.

210 Schwert

Alter: ab 4 Jahren
Materialien: alte Isomatte, Filzstift,
Bambusstange, silbernes Gaffertape und
Schablone

Übertrage die Schablone zweimal auf
die Isomatte und schneide die Schwerter aus. Lege ein Stück Bambusstange
zwischen die zwei Schwertteile. Wickle
nun das Tape viele Male um das
Schwert herum.

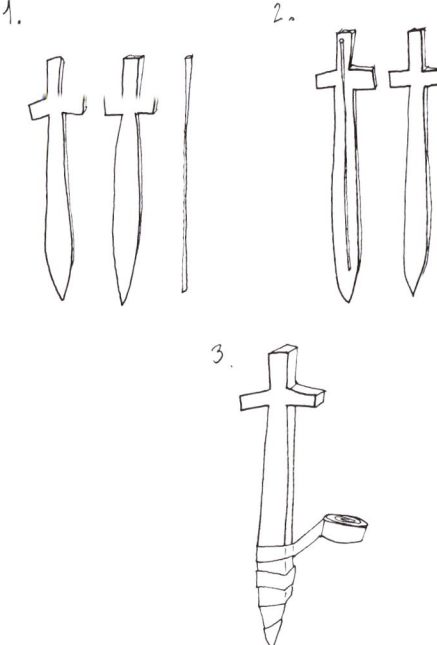

211

Zutaten für 8 Personen:
Mürbteig: 100 g Butter, 1 Ei, 70 g
Zucker und 200 g Mehl
Belag: ca. 400 g Kirschen,
100 g Marzipan, 2 Eigelb, 3 Tl.
Vanillepulver, 125 ml Sahne und
70 g Zucker

Teig:

Verrühre das Eigelb mit der Butter. Schlage das Eiweiß steif
und hebe es zusammen mit
dem Zucker vorsichtig unter. Gib
Mehl hinzu und knete die Masse
glatt. Lasse den Teig eine Stunde
ruhen. Kleide nun eine Tarteform
mit dem Mürbteig aus. Ziehe
ihn dabei auch an den Rändern
hoch. Backe den Boden (200
Grad/12 Min.).

Belag:

Reibe das Marzipan grob und
mische es mit den Eigelben. Füge
Vanille und geschlagene Sahne
hinzu. Gieße diese Masse nun
über den Tarteboden.
Wasche die Kirschen, halbiere und
entsteine sie. Verteile sie auf dem
Kuchen, bestreue ihn mit Zucker
und backe die Tarte 20 Min. fertig.

Kirschtarte

212

Alter: ab 3 Jahren
Materialien: Rundholz (1 m), Packpapier,
Schnur, Klebeband und Zeitungspapier

Säge vom Rundholz zwei Stücke (52 cm und
33 cm) ab und säge eine Kerbe in ihre Enden.
Binde sie, ca. 16 cm von der Spitze des langen Stocks abwärts, straff zu einem Kreuz
zusammen. Spanne um das Gerüst des
Drachens eine Schnur, die du in den Kerben
befestigst.
Lege das Gerüst nun auf das Packpapier und
schneide es passend zu. Verstärke die Spitzen der Stöcke mit Klebeband, die Drachen-
ränder ebenfalls.
Schneide ein Stück Steuerschnur (ca. 20 m)
zurecht und knote sie am Mittelkreuz fest.
Stich vorsichtig zwei kleine Löcher ins Papier
hinter dem Kreuz, damit du die Schnur an
der Rückseite wieder herausfädeln kannst.
Säge ein Stück Rundholz (ca. 15 cm) als Lenk-
griff ab und wickle die Schnur um den Griff.
Schneide als Drachenschwanz noch ein
Stück Schnur (ca. 1,5 m) ab, binde Streifen
aus Zeitungspapier daran und knote den
Schwanz am Drachen fest.

Drachen

Juckpulver

213

Hagebutten sind im Juni und Juli reif. Pflücke dicke, runde, reife Hagebutten und schäle sie. Kratze die Kerne mit einem Teelöffel heraus und sammle sie in einem Behälter. Stelle sie zum Trocknen einen Tag an die Luft oder auf die Heizung. Um nun jemanden zu foppen, werden ihm einige der Kerne in den Kragen geschüttet. Das juckt! (Die Kerne sind mit sehr feinen Härchen bedeckt und diese haben winzige Widerhaken, die den Juckreiz hervorrufen.)

Hinweis: Das hergestellte Juckpulver kann in seltenen Fällen allergisch wirken.

214 Flaggenspiel

Alter: ab 5 Jahren
Materialien: Pappe, Bleistift und Flaggenbilder

 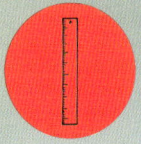 

Spiel:
Schneide Bilder verschiedener Flaggen aus, klebe
sie auf Pappe und schneide sie erneut aus. Notiere
auf der Rückseite den Namen der Nation.

So wird gespielt:
Verteile die Flaggen auf dem Tisch. Abwechselnd wird
nun die jeweilige Nation erraten. Wer richtig rät, darf
die Flagge behalten. Derjenige, der am Ende die meisten Flaggen gesammelt hat, hat gewonnen.

215

*Alter: die ganze Familie
Materialien: Fotokarton,
Klebeband, Buchschraube, Schnur
und Urlaubsandenken (z. B.
Süßigkeitenpapier, Aufkleber,
Postkarten, Eintrittskarten,
Zeichnungen, getrocknete
Blumen usw.)*

Schneide aus Karton Seiten
von 15 x 15 cm zu. Knipse mit
der Lochzange in eine Ecke der
Seiten ein Loch, das die gleiche
Größe hat wie die Buchschraube.
Klebe die Urlaubsandenken mit
Klebeband oder Klebstoff auf
die Seiten und füge dann alle
Seiten mit der Buchschraube
zusammen. Binde zum Schluss
eine Schnur mit Strandgut oder
anderen Urlaubsschätzen als
Schmuck an die Schraube.

Logbuch

216 Reisezeichenset

Alter: Erwachsener
*Materialien: Zeichenblock, Gummiband
(40 cm), Filzstifte, Nähgarn und andere
Zeichenutensilien*

So machst du Filzstifte und Zeichenblock reisefertig: Nähe Schlaufen von je 2 cm in den Gummi. Fertige dabei so viele Schlaufen, wie du Stifte hast, und nähe evtl. auch ein paar größere für Lineal und Radiergummi. Miss den Umfang des Blockes und nähe das Gummiband so zusammen, dass es um den Block passt. Spanne es nun um den Block und stecke die Zeichenutensilien in die Schlaufen.

  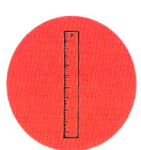

217 Landkartenpuzzle

Alter: ab 8 Jahren
Materialien: Pappe und
Landkarte

Klebe eine Landkarte auf ein Stück Pappe. Zerschneide die Karte nun zu einem Puzzlespiel mit geschwungenen Puzzlestücken.

Stelzen

Alter: ab 8 Jahren
Materialien: 2 gut ausgespülte große Dosen und Schnur (ca. 8 m)

Bohre je zwei gegenüberliegende Löcher in die Dosen. Schneide sechs Stücke Schnur à 130 cm zurecht. Fädle drei Stücke Schnur durch eines der Löcher. Binde in der Dose einen Knoten in die Schnüre, sodass sie nicht wieder herausrutschen kön nen. Flechte die Schnüre zu einem Strang und fädle sein Ende ins Loch gegenüber. Sichere den Strang in der Dose wiederum mit einem Knoten. (Falls die Dose an der offenen Seite scharfe Ränder hat, solltest du diese mit einem Hammer platt klopfen.)

Stelzenlaufen:

Tritt mit einem Fuß auf eine Dose und nimm die Schnur in die Hand. Steige mit dem anderen Fuß auf die zweite Dose, halte die Schnüre gespannt und laufe los.

219

Steckenpferd

Alter: ab 8 Jahren
Materialien: alter Strumpf,
Besenstiel, Füllwatte,
Flachshaar, Stofftieraugen,
Faden, Band (1 m) für die Zügel
und Schnur

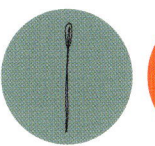 

Stopfe den Strumpf mit Füllwatte aus. Nähe das Flachshaar als Mähne oben an den
gefüllten Strumpf. Nähe die
Augen seitlich an. Stecke
den Besenstiel in den gefüllten Strumpf und binde die
Öffnung mit einer Schnur
zu. Nähe abschließend das
Band als Zügel seitlich an den
Pferdekopf.

220
Stoff-
blume

Alter: ab 6 Jahren
Materialien: Stoffreste, Nähgarn
und Broschennadel

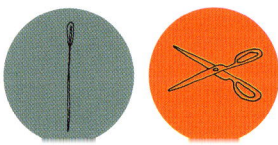

Reiße ca. 1 cm breite und 15 cm lange Stoffstreifen zurecht. Nähe sie mit ein paar Stichen in der Mitte zu einer Blume zusammen. Befestige die Broschennadel an der Rückseite der Blume.

221

Eissaft

Eine eiskalte Saftschorle ist besonders an warmen Sommertagen herrlich erfrischend. Lasse die gefrorenen Saftflaschen im Laufe des Tages langsam auftauen. (Denk daran, die Plastikflaschen nicht ganz vollzumachen, da sie beim Gefrieren sonst platzen können.)

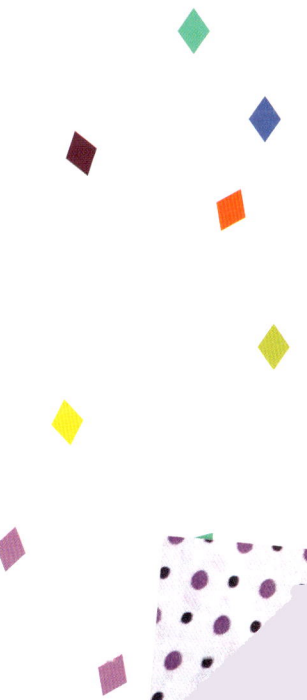

222 Namenswimpel

Alter: ab 5 Jahren
Materialien: Reste von
Tonpapier, Nähgarn
und Stempel mit
Stempelkissen

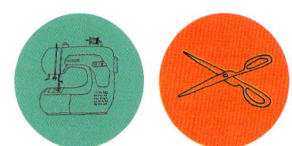

Schneide aus dem Papier Dreiecke aus. Nähe sie mit der Nähmaschine mit einer Zickzacknaht zu einer Kette zusammen. Halte dabei den Faden stramm, damit die Stiche eine dickere Schnur bilden. Schneide den Faden so ab, dass jede Kette zehn bis zwölf Dreiecke hat. Stemple nun Namen auf die Wimpel.

223

Alter: ab 5 Jahren
Materialien: Pappe (weiß), Papier
(gemustert), Krepppapier und Bleistift

Zeichne, z. B. mithilfe einer Münze, einen Kreis auf die Pappe und ergänze einen ca. 1 cm breiten und 6 cm langen Streifen vom Kreis nach unten. Schneide die Form aus. Falte nun das gemusterte Papier zu Kleidung und klebe es an den Streifen. Wickle das Krepppapier als Frisur um den Kopf und klebe es am Kreis fest.

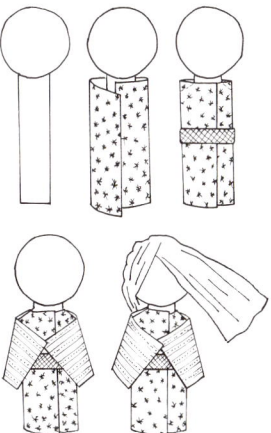

Faltpuppen

Du kannst die Marmelade aus einer Sorte Beeren herstellen oder du mischst sie. Gewaschene Beeren (gut abgetropft) und Zucker werden in einem Topf verrührt und bei schwacher Hitze zum Kochen gebracht. Unter Rühren 5 bis 10 Min. simmern lassen. (Siehe auch die Anleitung auf dem Gelierzucker.) Fülle die Marmelade in saubere Gläser und verschließe sie.

Selbst gemachte Marmelade
Zutaten für 2 Gläser:
500 g Himbeeren, Johannisbeeren oder
Erdbeeren; 250 g Gelierzucker

225

Alter: ab 4 Jahren
Materialien: Ast (als Mast), ein Stück
Holz (als Boot), Stoffrest (als Segel),
Stempel mit Stempelkissen, Nagel,
Schraubhaken und Schnur

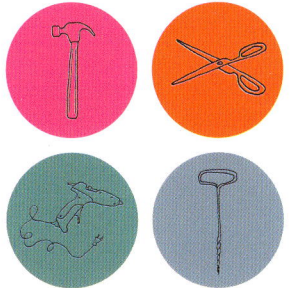

Bohre ein Loch in die Spitze des Astes und schlage den Nagel hinein. Klebe den Mast mit der Klebepistole mittig auf das Holzstück. Bohre ein Loch in die eine Seite des Holzes und drehe einen Haken hinein. Schneide aus dem Stoff ein Dreieck zu (etwas niedriger als der Mast). Falte die lange Seite des Dreiecks ca. 0,5 cm um eine Schnur, die mit Klebstoff bestrichen wurde. Stemple ein paar Buchstaben auf das Segel. Bestreiche den Nagel mit Klebstoff und wickle die Schnur des Segels herum. Spanne das andere Schnurende am Haken straff.

Segel-boot

Sonnensegel

Alter: Erwachsener
Materialien: 8 Bambusstangen,
4 Gummibänder, 2 Zeltheringe, schmales
Band (weiß, 10 cm lang), Nähgarn und
Stoff (weiß, 3 m lang, ca. 1,5 m breit)

Vernähe die Ränder des Stoffes mit doppeltem Umschlag von 1 cm. Nähe in die Seite mit 1,5 m einen Tunnel von 3 cm. Schneide das Band in zwei Teile à 5 cm und nähe diese als Schlaufen an die dem Tunnel gegenüberliegenden Ecken. Stecke vier Bambusstangen im Abstand von ca. 1,5 m in die Erde. Führe eine fünfte Stange durch den Tunnel des Stoffes. Befestige die Stoffstange mit Gummiband quer zwischen zwei der stehenden Stangen. Verbinde nun auch die anderen Stangen oben mit weiteren Stangen wie im Bild und verknote sie mit Gummiband. Lege den Stoff über das Gerüst und sichere die Schlaufen mit Heringen im Boden.

Zutaten für 6 Personen:
4 Zitronen, 300 ml Zucker,
1 l Wasser

Presse die Zitronen aus und erwärme den Saft zusammen mit dem Zucker in einem Topf. Wenn sich der Zucker aufgelöst hat, lässt du den Sirup abkühlen. Serviere ihn nun als Erfrischung mit eiskaltem Wasser und Eiswürfeln.

227 Limonade

228

Blüten-
kette

Alter: ab 4 Jahren
Materialien: Nähgarn und Blumen

Verwende die Blüten wie Perlen
und nähe eine Halskette daraus.

Kokos-muffins

Muffins:

Zutaten für ca. 15 St.: 150 g Butter, 150 g Zucker, 2 Eier, 125 g Mehl, 75 g Kokosraspel, 4 Tl. Backpulver und 2 El. Vanillezucker. Materialien: Muffinform, Muffinförmchen

Butter schmelzen und abkühlen lassen. Eier und Zucker schaumig schlagen. Mehl, Kokosraspel, Backpulver und Vanille vermischen. Butter und Mehlmischung abwechselnd zur Eiermasse geben. Die Förmchen in die Form setzen, den Teig in die Förmchen verteilen und backen (15 Min./200 Grad). Danach auf einem Gitter auskühlen lassen.

Dekoration:

Zutaten: Lebensmittelfarbe (rosa), Fondant, Plätzchenausstecher in Schmetterlingsform und Kuchendeko.

Knete ein wenig Lebensmittelfarbe in die Fondantmasse. Rolle das Fondant dünn aus und stich Schmetterlinge aus. Biege sie leicht in der Mitte und lasse sie trocknen. Wenn sie trocken sind, schmückst du sie mit Kuchendeko, wie z. B. Silberperlen. Abschließend klebst du sie mit ein wenig Wasser auf die Muffins. (Vorsichtig, da Wasser das Fondant leicht auflöst.)

230 Vogelscheuche

Alter: ab 4 Jahren
Materialien: 2 Pfeifenreiniger,
Wattekugel, Garn, 2 Knöpfe,
ein Stückchen Tonpapier (rot),
Hanfschnur und Strickwolle

Biege einen Pfeifenreiniger zum Körper
der Vogelscheuche und den zweiten zu
Armen und Beinen, die wiederum um
den Körper gebogen werden. Setze die
Wattekugel auf den Körper und klebe
die Knöpfe als Augen fest. Rolle das
kleine Stück Tonpapier zu einem Schnabel und befestige es am Kopf. Schneide
nun kleine Stückchen Schnur ab und
klebe sie als Haare auf. Umwickle den
Körper zum Schluss mit Wolle.

231 Dekovogelhaus

Alter: ab 6 Jahren mit Erwachsenem
Materialien: 2 stabile Pappkartons, 2 verschiedene Stücke Stoff,
Klebeband, Rundholz, Vogel und ein Stück Schnur

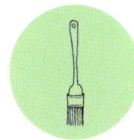  

Schneide von einem Karton eine kurze Seite ab. Schneide nun passend zum Maß der offenen Seiten zwei Dreiecke zurecht. Befestige sie mit Klebeband am Karton. Miss die Dachbreite und fertige zwei Stücke Pappe fürs Dach. Klebe das Dach oben so zusammen, dass du es am Schluss auf dem Haus befestigen kann.

Schneide vorn mit dem Teppichmesser ein »Einflugloch« aus. Schneide ein Stück Stoff nach den Maßen des Häuschens aus. Bestreiche das Haus mit Klebstoff und beziehe es mit Stoff. Streiche Falten mit den Fingern glatt. Schneide das Loch an der Vorderseite frei, aber lasse hierbei 1 cm Stoff zum Umschlagen übrig. Schneide im Abstand von ca. 1 cm Zacken in den runden Rand, bestreiche das Loch innen rundherum mit Klebstoff und falte den Stoff hinein. Bohre nun ein kleines Loch unterhalb des Einflugloches und klebe ein Rundholz darin fest. Darauf kannst du einen Vogel setzen. Schneide für das Dach ein Stück Stoff aus, das an allen Seiten ca. 3 cm größer ist als das Dach. Klebe es aufs Dach und schlage den Stoff um.

Bohre zum Schluss noch zwei kleine Löcher zum Aufhängen in die Rückwand und hänge das Haus an einer Schnur auf.

232

Kleid

Alter: Erwachsener
Materialien: Stoff (70 cm),
2 Knöpfe, Schrägband (1,2 m),
Nähgarn und Schablone

Schneide mithilfe der Schablone zwei Stücke Stoff aus. Nähe die Seiten des Kleides rechts auf rechts mit 0,7 cm Saumrand zusammen. Nähe gemäß den Abmessungen der Schablone vorne und hinten einen Faltenkragen an den Halsausschnitt des Kleides. (Links und rechts der Falten sollten ca. 10 cm glatt bleiben.) Nähe das Schrägband am Hals- und Armausschnitt fest. Nähe die Knöpfe an die eine Seite der Träger und mache auf der anderen Seite Knopflöcher. Vernähe nun den Saum mit doppeltem Umschlag (ca. 0,7 cm).

233 Bananenkuchen

Zutaten: 125 g Butter, 2 Tl. Vanillezucker, 4 Eier, 200 g Zucker, 250 g Mehl, 3 Tl. Backpulver, 150 ml Milch, 250 g Schokolade, 1 Banane, Himbeeren und Brombeeren, evtl. Baiserkekse als Deko

Lasse die Butter schmelzen. Rühre Eier, Zucker und Vanillezucker schaumig und füge die flüssige Butter hinzu. Nun werden 150 g Schokolade fein gehackt. Vermische Mehl, Backpulver und Schokoladenstücke. Rühre diese Mischung abwechselnd mit der Milch unter den Teig. Püriere die Banane und rühre auch sie unter. Backe den Kuchen (25 Min./175 Grad). Lasse für die Glasur 100 g Schokolade schmelzen. Bestreiche die Kuchenseiten und dekoriere ihn mit kleinen Baiserkeksen. Lege die Beeren in die Mitte des Kuchens und seitlich auf die Servierplatte.

234

Alter: ab 2 Jahren
Materialien: Muschelschalen
und Gummiband

Sammle Muschelschalen und
bohre mit der Ahle vorsichtig
Löcher hinein. Fädle sie auf
ein Gummiband und binde
das Ganze zusammen.

Muschelkrone

235 Dorf im Sand

Alter: ab 3 Jahren
Materialien: alles, was du so am Strand findest

Baue dir ein kleines Dorf aus allem, was du am Strand so
zusammentragen kannst.

236

Alter: Erwachsener
Materialien: Tüll (35 cm),
Nähgarn und Schrägband
(1 m)

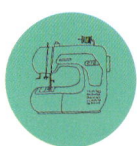 

Am Strand gibt es viele
Dinge, die man sammeln
kann. Nähe einen Strand-
beutel, damit alle Strand-
funde auch ohne Sand mit
nach Hause genommen
werden können.

Schneide zwei Stücke
Tüll à 22 x 35 cm zurecht.
Runde zwei der Ecken ab
und nähe die Ränder mit
Schrägband zusammen.

Strandbeutel

237

Alter: ab 3 Jahren
Materialien: Muschelschalen,
Perlen, Schnur und Klebeband

Bohre mit der Ahle vorsichtig
Löcher in die Muschelschalen.
Binde die Muschelschalen und
Perlen dann in kleinen Abständen an einer Schnur fest.
Die Muschelschalen, die du
nicht durchbohren kannst,
werden mit Klebeband fest-
gemacht. Hänge die Kette
nun ins Kinderzimmer, in den
Garten, auf den Balkon oder
ins Bad.

Strandgirlande

238 Hühnergott

Sammle am Strand Steine mit Löchern (sogenannte Hühnergötter) und hänge sie als Zierde im Kinderzimmer, im Garten oder auf dem Balkon auf.

239
Stockbrot

Alter: alle
Zutaten: 50 g Hefe, 300 ml
Milch, 300 ml Wasser, 25 g
Butter, 1 kg Mehl und 1 Tl. Salz
Materialien: Stöckchen

Löse die Hefe in der lauwarmen Milch auf. Füge das Wasser hinzu. Lasse die Butter schmelzen. Gib nun Butter, Salz und Mehl zur Hefe. Knete den Teig und lasse ihn etwa eine Stunde lang gehen. Nimm den Hefeteig aus der Schüssel, schlage ihn und teile ihn in acht Portionen auf. Forme daraus Rollen und wickle diese um die Stöckchen. Backe die Brote etwa 30 Min. über dem Lagerfeuer. Passe auf, dass sie nicht zu nahe ans Feuer gehalten werden. Nimm das Brot vom Stöckchen und serviere es mit Marmelade oder gegrillten Würstchen.

240 Puppenschrank

Alter: ab 10 Jahren

Schrank:

Materialien: Schuhschachtel, Tapetenreste, Rundholz, 4 Wattekugeln, Pappe, Hobbyfarbe und eine große Perle

Kleiderbügel:

Materialien: Pappe, gemustertes Papier und Schablone
Schneide mithilfe der Schablone aus Pappe Kleiderbügel zurecht. Beklebe sie beidseitig mit Papier und schneide sie aus.

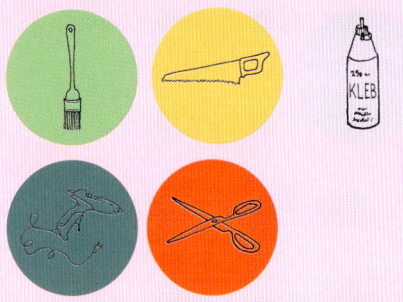

Schneide die Tapetenreste nach den Maßen der Schuhschachtel zurecht. Beziehe die Schachtel innen und außen mit der Tapete (mit Decoupagekleber). Säge das Rundholz so zu, dass es genau in die schmale Seite der Schachtel passt. Befestige es mit der Klebepistole ca. 4 cm innerhalb der Schachtel.

Bemale die Wattekugeln und klebe sie mit der Klebepistole unter die Schachtel. Schneide ein Stück Pappe als Einlegebrett aus: Lasse die Pappe 2 cm breiter als den Schrank sein und falte die Seiten zum Festkleben 1 cm um. Bemale die Pappe und klebe sie in den Schrank.

Schneide drei Seiten des Schachteldeckels ab. Beziehe ihn mit Tapete und klebe ihn als Tür an. Zum Schluss eine Perle als Griff an die Tür kleben.

241 Bärchenpulli

Alter: ab 10 Jahren
Materialien: Wolle
Die Anleitung ergibt einen Pulli für ein ca. 30 cm großes Bärchen.

Schlage 25 Maschen an. Stricke drei Reihen Rippenmuster (eine Masche rechts und eine links im Wechsel). Stricke im Perlmuster weiter, bis das Ganze 5 cm misst. Stricke dann fünf Mal jeweils am Anfang und Ende einer Reihe zwei Maschen zusammen. Stricke weiter, bis das Ganze 9 cm misst. Kette die mittleren neun Maschen als Halsausschnitt ab. Stricke rechts und links jeweils fünf Reihen mit drei Maschen. Das sind die Träger. Stricke das Rückenteil genauso. Nähe die beiden Teile an den Seiten und Schultern zusammen.

So strickst du Perlmuster: Eine Reihe abwechselnd rechte und linke Maschen stricken. In der Rückreihe rechte und linke Maschen versetzt im Wechsel stricken. In den Folgereihen wiederholen.

242

Alter: ab 10 Jahren
Materialien: Stoff, Nähgarn,
Hosengummi und Schablone

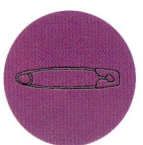 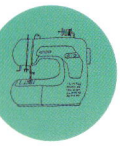 

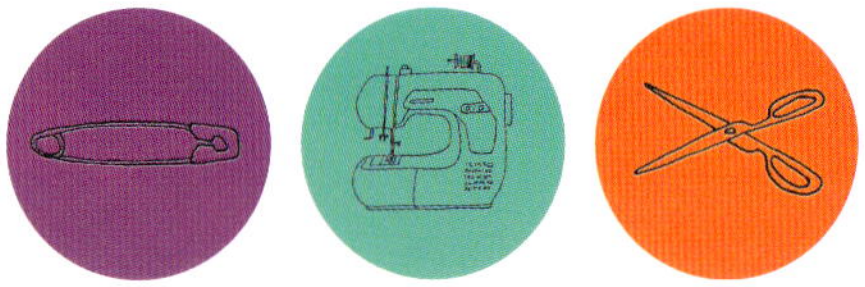

Schneide für jedes Bein zwei Hosenteile aus (siehe Schablone). Lege sie rechts auf rechts und nähe die Innennaht der Hose. Schlage die Hosenbeine unten zweimal um (0,5 cm) und vernähe den Saum. Nähe die Hosenseiten zusammen. Schlage die Taille zweimal um zu einem Tunnel (1 cm). Lasse hierbei mittig auf der Rückseite ein Loch. Miss die Taille des Bärchens und schneide ein passendes Stück Gummi zu. Ziehe den Gummi mit einer Sicherheitsnadel durch den Tunnel, nähe die Enden zusammen und verschließe das Loch.

Bärchenhose

243

Alter: Erwachsener
Materialien:
Puppenhaus, Nagel und
Wandaufhängung

Kinder lieben kleine, ver-
steckte Spielorte. Hänge
ein kleines Puppenhaus
in eine Wohnzimmerecke.
So kann dein Kind immer
nahe bei den Eltern sein,
wenn es spielt.

Wandhaus für Puppen

244 Namensband

Alter: Erwachsener
Materialien: lose gewebtes
Band (ca. 3 cm breit, 2 m
lang), Schrägband (4 m),
Nähgarn und Stickgarn

Nähe das Schrägband an die Seiten
des Bandes. Mache an den Enden des
Bandes einen doppelten Umschlag
und vernähe das Ganze. Sticke den
Kindernamen mit Kreuzstich und
Stickgarn auf die Bandmitte.

245

Hier wohnt...

Alter: ab 3 Jahren
(Hinweis: Bügeln sollte ein
Erwachsener.)
Materialien: Bügelperlen, Backpapier,
Stiftplatten und Klebemasse

Setze den Namen mit Perlen auf
eine Stiftplatte. Lege Backpapier
darüber und bügle die Buchstaben,
bis sie verschmolzen sind. (Siehe
dazu auch Idee 009.) Nimm sie von
der Stiftplatte und befestige sie mit
Klebemasse an der Tür.

246

Alter: ab 5 Jahren
Materialien: Bleistifte und
gemustertes Papier

In der Schule verschwinden
gerne mal die Bleistifte und
Buntstifte aus dem Feder-
mäppchen. Wickle ein Stück
farbiges Klebeband um das
Ende der Stifte, damit dein
Kind seine Stifte leichter
wiedererkennt.

Erkenne
deinen
Stift

247

Alter: Erwachsener
Materialien: 2 Stücke
Stoff (je 45 x 23 cm),
1 Stück Stoff (45 x 16 cm),
1 Stück Polsterwatte
(45 x 23 cm), Schrägband
(3,5 cm breit) und
Nähgarn

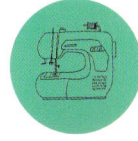

Nähe zwei Meter Schrägband zu einem schmalen Band zusammen und halbiere es. Nähe die beiden Bänder wie in der Abbildung an eins der beiden großen Stoffstücke.

Nimm den kleineren Stoff, nähe die Kante entlang der langen Seite doppelt um und lege ihn nun auf das zweite große Stück Stoff. Nähe ihn immer mit 2,5 cm Zwischenraum auf den großen Stoff. Lasse an den Seiten 3,5 cm Platz. Lege die zwei Stücke Stoff – mit der Polsterwatte dazwischen – aufeinander und vernähe sie mit Schrägband.

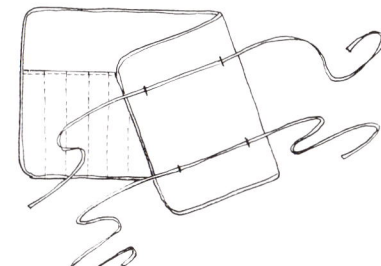

Federmäppchen

248 Tafel**tisch**

Alter: Erwachsener
Materialien: Tisch,
Tafellack, Malerkrepp-
band und Bleistift

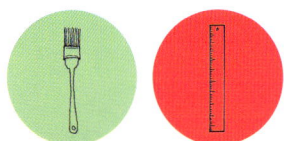

Zeichne ein Feld auf der Tischplatte ein, das 4 cm von den Tischkanten eingerückt ist. Klebe Malerkrepp um den Feldrand. Male das Feld mit Tafellack aus und entferne sofort das Malerkreppband.

249

Alter: Erwachsener
Materialien: Pappschachtel und
gemustertes Papier

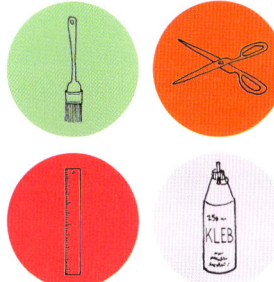

Schneide das Papier gemäß
den Schachtelmaßen aus.
Bestreiche die Schachtel mit
Decoupagekleber und beziehe
sie mit Papier. Bestreiche auch
die Oberfläche des Papiers
zum Schluss nochmals mit
Klebstoff.

Buntstifthalter

250 Theaterpuppe

Alter: ab 5 Jahren
Materialien:
Fotokarton (braun),
Filz (gelb) und Holzstäbchen

Zeichne mithilfe der Schablone eine Giraffe auf den Filz. Schneide als Punkte der Giraffe kleine Löcher in den Filz. Klebe die Giraffe mit Klebestift auf den Fotokarton und schneide sie aus. Befestige nun noch das Holzstäbchen an der Giraffenrückseite.

251

Alter: ab 5 Jahren
Materialien: Brosche
(weiß), kleines Stück
Papier (gemustert) und ein
Plastikschmetterling

Lege die Brosche auf das
Papier und schneide die
Umrisse aus. Klebe nun das
Papier mit Decoupagekleber
auf die Brosche. Wenn der
Leim trocken ist, wird der
Schmetterling mithilfe der
Klebepistole befestigt.

Schmetterlingsbrosche

252 Spielzeugsack

Alter: Erwachsener
Materialien: 2 x je ein Stück Stoff und Tüll (45 x 35 cm), Hosengummi (20 cm), Nähgarn, Schrägband (120 cm) und Band (40 cm)

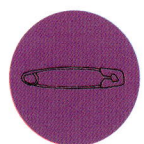  

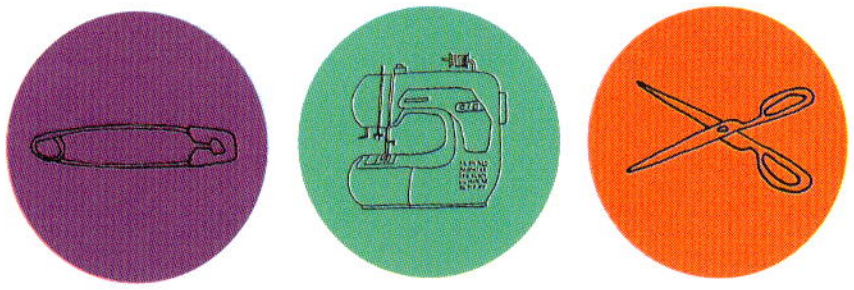

Lege beide Stoffstücke rechts auf rechts und schneide zwei Ecken rund ab. Nähe die Seiten des Säckchens zusammen und wende es. Schneide auf die gleiche Weise die Ecken des Tülls ab. Nähe den Tüll mit dem Schrägband zu einem Sack.
Lege den Stoffsack in den Tüllsack und nähe ihre oberen Kanten zusammen. Falte den Rand des Sacks zweimal 1 cm zu einem Tunnel um. Vernähe ihn auf der einen Seite, lasse dabei ein Loch von 2 cm offen. Fädle den Gummi mit einer Sicherheitsnadel durch den Tunnel. Nähe die Gummi-enden zusammen. Zum Schluss das Band wie eine Schlinge an die Seite des Sacks nähen.

Alter: ab 5 Jahren
Materialien: Wolle und stabile Pappe

 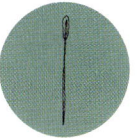

So machst du Pompons selbst:

Zeichne zwei identische Kreise mit Innenkreis auf ein Stück Pappe. Schneide diese Ringe aus und lege sie aufeinander. Umwickle sie mit Wolle, bis die Mitte dicht gefüllt ist. Je strammer du wickelst, desto dicker wird der Pompon. Dann führst du am Rand eine Schere zwischen die Ringe und schneidest die Wolle rundherum auf.

Ziehe die Pappe etwas auseinander und fädle eine Schnur zwischen den Pappringen stramm um den Pompon herum. Verknote sie, damit er in der Mitte zusammenhält. Nimm die Pappe ab und zupfe den Pompon zurecht. Eventuell über Wasserdampf halten, damit er gleichmäßiger wird, und überstehende Fäden abschneiden.

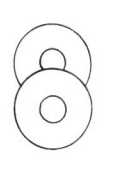   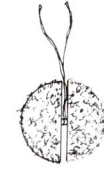

Halskette:

Materialien: Wolle und Pompons
Fädle die verschiedenfarbigen Pompons mit einer Nadel und Wolle wie Perlen zu einer Kette. Verschließe sie mit einem Knoten.

Halskette mit Pompons

254 **Bart**

Alter: ab 4 Jahren
Materialien: Filzwolle (schwarz)
und doppelseitiges Klebeband

Rolle ein Stückchen Wolle zurecht.
Fertige mit der Filznadel einen
Bart daraus. Befestige ein kleines
Stück Klebeband an der Rückseite
des Bartes.

255

Salzteig

Alter: alle
Materialien: 2 Tassen Mehl,
1 Tasse Salz (immer 2 Teile
Mehl und ein Teil Salz),
1 Tasse Wasser, 1 Tl. Öl

Knete alle Zutaten zu
einem geschmeidigen Teig
zusammen, gib das Was-
ser dabei erst nach und
nach hinzu, bis die Kon-
sistenz dir gefällt. Forme
Figuren und backe sie bei
200 Grad hellbraun.

256 Hier wohne ich

Alter: ab 3 Jahren
Materialien: Pappe (weiß),
Garn und Filzstifte

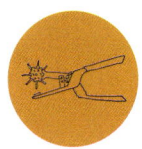 

Zeichnet euer Haus und
alle, die darin wohnen.
Denkt dabei auch an Aqua-
rienfische und andere
kleine Bewohner. Schneidet
die Zeichnungen aus und
knipst mit der Lochzange
Löcher in den unteren
Rand des Hauses. Befestigt
die Bewohner mit Garn-
schnur daran. Knipst ins
Haus auch ganz oben ein
Loch, damit man es auf-
hängen kann.

Alter: ab 10 Jahren
Materialien: Hosengummi,
3 verschiedene Tüllsorten
(je 30 cm) oder anderer
dünner Stoff, Nähgarn und
Klebesteinchen

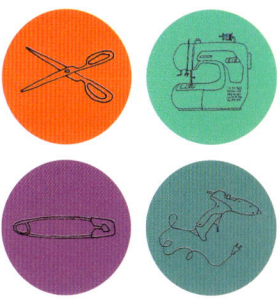

Schneide evtl. ein Stück Tüll
etwas kürzer als die anderen. Nähe die drei Stoffstücke an der langen Kante
zusammen. Schlage die
Kante um und nähe einen
Tunnel für den Gummi.
Ziehe den Gummi mit der
Sicherheitsnadel hindurch.
Miss die Taille des Kindes
ab und passe den Gummi-
zug an. Nähe nun die Seiten
des Rockes zusammen und
bügle die Klebesteinchen
auf den Stoff.

257 Tüllrock

258 Kronleuchter

Alter: Erwachsener
Materialien: Kronleuchter (hier
wurde einer aus dickem Stahldraht
von Ikea verwendet), Holz- und
Plastikperlen sowie dünner Draht

Bastle aus dem Draht Ketten mit allerlei gemischten
Perlen und wickle diese dicht um den Kronleuchter. Verwende an den Windungen weniger Perlen, damit man
sie einfacher um den Leuchter wickeln kann.

259 Schubfächer für Malsachen

Alter: Erwachsener
Materialien: kleine Schubfächer
für den Schreibtisch (im
Holzfachhandel erhältlich) und
Papier (gemustert)

Schneide das Papier nach den Maßen der Schubfächer zurecht. Bestreiche die Schubladen mit Decoupagekleber und beziehe sie mit Papier. Streiche nun nochmals Klebstoff über das Papier, damit das Ganze länger hält.

260 Puppenhaus

Alter: ab 6 Jahren
Materialien: 1 Pappkarton, Pappe,
Hobbyfarben, Tapetenreste, evtl. Stempel
und Stempelkissen zum Dekorieren der
Wände

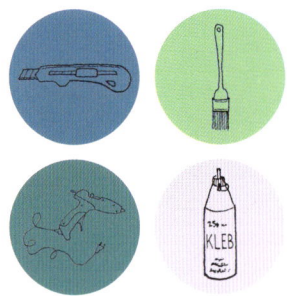

Klebe ein Stück Pappe in den Karton,
sodass du zwei Räume erhältst. Bemale
das Haus außen. Tapeziere oder bemale
die Räume innen.

Für das Tapezieren der Wände des Puppenhauses eignet sich Decoupagekleber.
Bestreiche die gesamte Oberfläche mit
Leim und bringe die Tapete an. Streiche
eventuelle Falten mit den Fingern glatt.
Schneide für die Rückseite des Daches
ein Dreieck aus Pappe und klebe es ans
Haus. Schneide ebenso zwei passende
Pappen für das Dach zurecht und klebe
sie fest. Bemale oder tapeziere abschließend das Dach.

261 Miniaturbett

Alter: ab 5 Jahren
Materialien: Streich-
holzschachtel, Papier
(gemustert), Bleistift und
ein Rest Filz

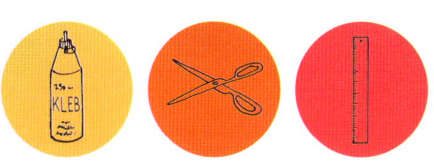

Miss den Umriss der Streichholzschachtel, schneide das Papier passend aus und klebe es auf die Schachtel. Schneide aus einem kleinen Stück Filz eine Matratze sowie eine Decke zurecht.

262 Schildkröte

Alter: ab 4 Jahren
Materialien: ein halbes Osterei aus
Pappe, 4 Eisstiele, 2 Plastiklöffel,
2 Knöpfe und Perlen

Verwende das Ei als Panzer. Beklebe es dicht mit Perlen. Klebe die Löffel zum Kopf der Schildkröte zusammen und befestige die Knöpfe als Augen. Klebe vier Eisstiele als Beine sowie den Löffel-Kopf unter dem Panzer fest.

263 Stammbaum

Alter: Erwachsener
Materialien: Wandaufkleber in Baumform
oder schwarze Farbe, Bleistift, Nägel und
Rahmen mit Familienfotos

 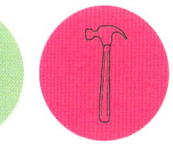

Familienbilder sind etwas Schönes und helfen Kindern dabei, die Familienstrukturen besser zu verstehen. Du kannst die Bilder mit der ältesten Generation nach unten hängen und den Stammbaum richtig aufbauen oder du hängst einfach die zusammen, die am besten zueinanderpassen.

Die Wandaufkleber werden gemäß Packungsanleitung angebracht. Streiche eventuell mit einer Bankkarte über das Motiv, damit es auch gleichmäßig klebt. Du kannst den Baum auch selbst mit Pinsel und schwarzer Farbe an die Wand malen. (Zeichne ihn mit Bleistift vor.) Schlage Nägelchen an die Zweige, an die man dann die Bilder hängen kann.

Platz für Bücher

Im Kinderzimmer eignen sich Tellerregale sehr gut zum Aufbewahren von Büchern, Zeichenpapier und Stofftieren. Hänge das Regal in geringer Höhe an die Wand, damit das Kind selbst seine Sachen ein- und ausräumen kann. So ein kleines Regal sieht auch über der Spielecke sehr schön aus.

265 Puschel**brille**

Alter: ab 3 Jahren
Materialien: 6 Pfeifenreiniger
(zwei verschiedene Farben)
und 2 Perlen

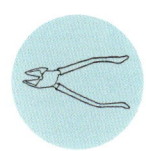

Winde je zwei Pfeifenreiniger umeinander. Forme einen davon zu einem Brillenglas mit Bügel. Wiederhole dies mit einem zweiten. Schneide für den Steg ein kleines Stück (ca. 5 cm) vom dritten ab. Verbinde damit die Brillengläser oben in der Mitte. (Achte darauf, die Enden so einzubiegen, dass sie nicht piksen.)

Ritterspardose

Alter: ab 4 Jahren
Materialien: 2 leere Milchkartons, Hobbyfarbe (Grau) und Filzstift (schwarz, wasserfest)

Schneide die Milchkartons so ab, dass der eine 8 cm und der andere 10 cm hoch ist. Stecke den kleineren Karton umgekehrt in den größeren. Schneide einen Geldschlitz in den Boden des kleineren Kartons. Schneide nun die Zinnen der Burg ein und bemale alles grau. Wenn die Farbe trocken ist, zeichnest du mit schwarzem Stift die Details.

Alter: ab 8 Jahren
Materialien: T-Shirt, Filz
(weiß), Bleistift, Vliesband
(doppelseitig klebend) und
Schablone

Zeichne mithilfe der Schablone Totenköpfe und Knochen auf das Vliesband. Bügle das Vliesband auf die Rückseite des Filzes. Schneide die Motive aus und bügle sie aufs T-Shirt. Bügle beide Seiten sorgfältig und nähe evtl. die Ränder an, falls das Motiv lange halten soll.

267 Totenkopf-T-Shirt

268 Bett*decke*

Alter: Erwachsener
Materialien: ein Stück Stoff in der Größe des
Bettes, viele Stoffreste und Nähgarn

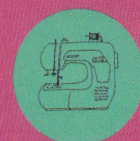

Schneide aus den Stoffresten Quadrate von 12 x 12 cm zurecht. Wenn die Decke 120 x 140 cm misst, brauchst du somit 168 solcher Quadrate. Nähe immer vier zu einem größeren Quadrat zusammen. Vernähe sie dabei mit einem Saumrand von 1 cm, sodass das große Quadrat schließlich 22 x 22 cm misst. Bügle den Saum glatt und beschneide die Saumränder, damit sie auf der Rückseite nicht auftragen.

Nähe nun die großen Quadrate wieder so zusammen, dass sie zum Maß des Bettes passen. In diesem Fall wären das 12 x 14 große Quadrate. Bügle das Ganze.

Lege die Patchwork-Decke und den Stoff rechts auf rechts und nähe das Ganze 1 cm innerhalb zusammen. Lasse eine Öffnung von ca. 30 cm übrig, um die Decke zu wenden. Wende sie und bügle die Ränder glatt. Nähe abschließend die Öffnung zu.

Puppen-bettchen

Alter: ab 4 Jahren mit Erwachsenem
Materialien: Kistchen für Mandarinen oder anderes Obst, Hobbyfarbe, große Nägel, 4 Holzkugeln und Perlen

Bemale ein paar Seiten der Kiste und stecke Perlen auf die Nägel. Schlage diese nun in die vier Ecken des Bettes. Abschließend werden noch die Holzkugeln als Füße an die Kiste genagelt.

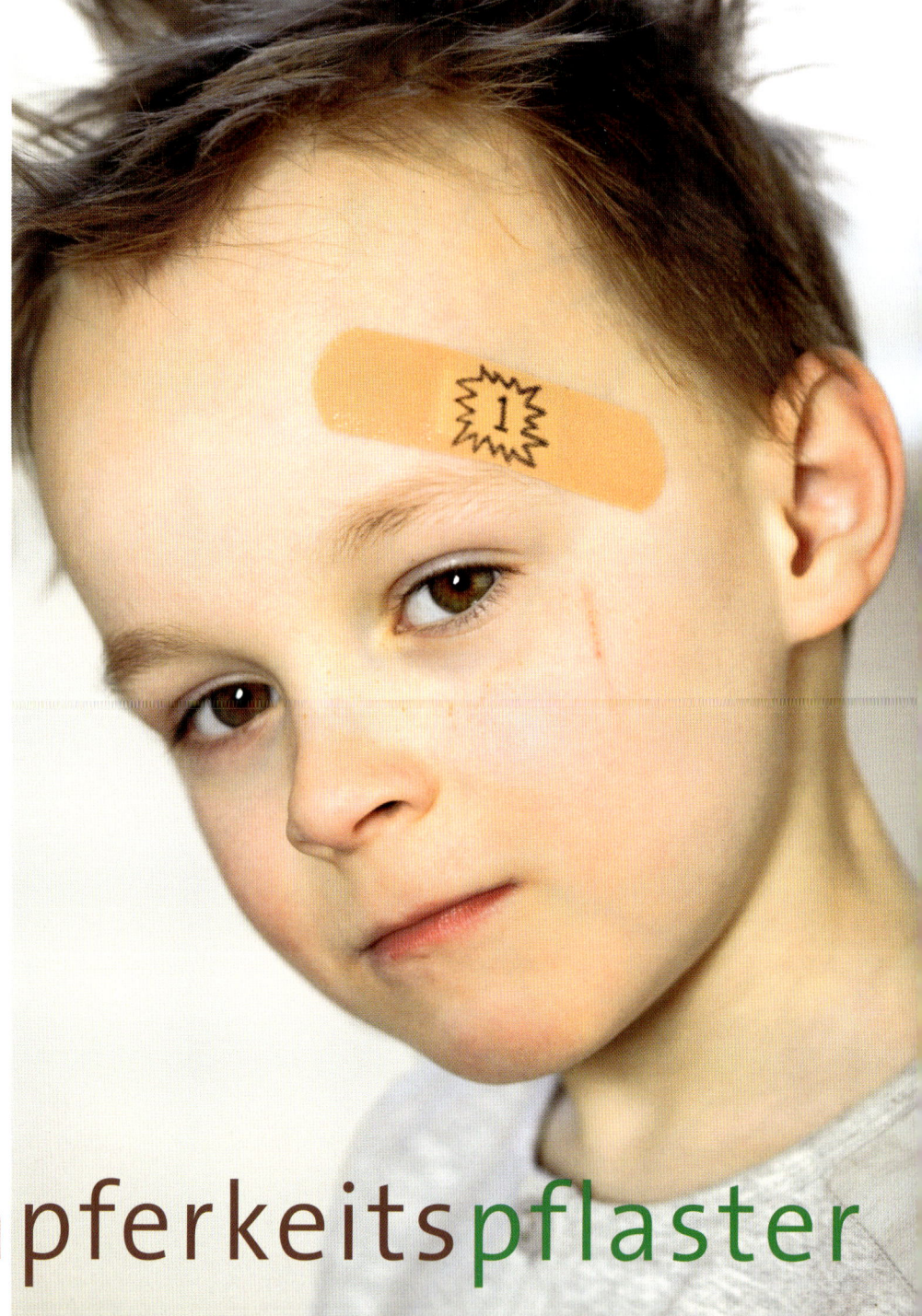

Alter: Erwachsener
Materialien: Pflaster,
Filzstift (schwarz),
Stempelkissen und Stempel
mit der Zahl 1

Stemple eine »1« aufs
Pflaster und zeichne eine
zackige Kante um die Zahl.

270 Tapferkeitspflaster

271 Arztkoffer

Alter: ab 3 Jahren
Materialien: kleiner Pappkoffer, Filzstift (rot), Einwegspritze
(ohne Nadel), Gummihandschuhe, Pflaster, Verbandszeug,
Wattestäbchen, leere Pappschachteln von Arzneimitteln
und andere Dinge aus dem Erste-Hilfe-Schrank

Zeichne außen auf den Koffer ein rotes Kreuz.
Fülle ihn nun mit den wichtigsten Erste-Hilfe-
Sachen und schon kann das Spielen losgehen!

272

Alter: ab 5 Jahren
Materialien: 20 weiße
Bohnen und Filzstift
(schwarz, wasserfest)

Zeichne Gesichter auf die
Bohnen. Achte dabei auf
ganz verschiedene Gefühls-
ausdrücke wie Freude, Zorn,
Überraschung, Langeweile
usw. Fertige immer zwei
identische Bohnen an.
Spielregel: Lege nun alle
Bohnen umgedreht hin.
Jeder Spieler darf abwechselnd zwei Bohnen auf-
decken. Wer zwei gleiche
umdreht, darf sie behalten.
Der Spieler, der am Ende
die meisten Bohnenpaare
hat, hat gewonnen.

Memospiel
mit Bohnen

273 Abc-Buch

Alter: ab 5 Jahren mit Erwachsenen
Materialien:
Skizzenbuch und ein Stapel Magazine

Schneide aus den Magazinen Bilder aus und ordne sie in alphabetischer Reihenfolge an. Schneide zudem Buchstaben von A bis Z aus. Widme jedem Buchstaben zwei Seiten. Zusätzlich zu den Bildern aus den Magazinen kann man auch Bilder aus dem eigenen Fotoalbum verwenden – ein Bild von Oma, aus dem Kindergarten, vom besten Freund usw.

274

Alter: ab 6 Jahren
Materialien: Plastikhaarreif, Stoff (30 cm),
Füllwatte und Nähgarn

Schneide ein Stück Stoff zu, das rundherum
1 cm breiter ist als der Haarreif. Bestreiche den
Haarreif mit Klebstoff und beklebe ihn mit
dem Stoff. Schneide ihn anschließend zurecht.
Schneide zwei Stücke Stoff à 22 x 15 cm aus
und nähe sie an drei Seiten rechts auf rechts
zusammen. Wende den Stoff durch die eine
Seite und fülle die Schleife mit Füllwatte.
Nähe nun die letzte Seite zu.
Schneide ein Stück Stoff von 16 x 8 cm
zurecht. Falte es mittig so, dass es 16 x 4 cm
misst. Biege 1 cm der rohen Kanten um und
nähe ein Band. Nähe dieses wiederum an den
Enden zu einem Ring zusammen und schiebe
es um die Schleife.
Befestige die Schleife abschließend mithilfe
der Klebepistole am Haarreif.

Haarreif mit
Schleife

275

Alter: ab 3 Jahren
Materialien: Schuh-
schachtel, Pappe,
Hobbyfarbe und
Kinderzeichnungen

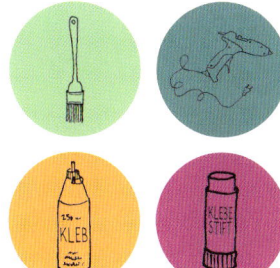

Schneide die Zeichnun-
gen aus und klebe sie
mit dem Klebestift auf
Pappe. Schneide sie wie-
derum aus. Bemale den
einen Teil der Schachtel
als Hintergrund. Klebe
die Pappformen mit
der Klebepistole in der
Schachtel fest.

Guckkasten

Hand**tuch**

Alter: ab 6 Jahren mit Erwachsenem
Materialien: eine Stoffwindel,
Glitzer-Textilfarbe (Transparent),
Bleistift, selbstklebende Buchfolie und
Schablone

Zeichne mithilfe der Schablone Sterne
auf die Buchfolie und schneide sie
so aus, dass sternenförmige Löcher
in der Folie entstehen. Klebe nun die
Folie auf die Windel und male die
Sterne mit Glitzer-Textilfarbe aus.
Entferne die Folie, wenn die Farbe trocken
ist.
Bügle die Sterne auf der Vorder- und
Rückseite sorgfältig, damit sie auch
beim Waschen gut halten.

Engel-shirt

277

*Alter: ab 6 Jahren mit Erwachsenem
Materialien: Baumwollshirt,
Textilfarbe (Silber) und Federn*

Lege die Feder auf eine Zeitung und bemale sie mit der Farbe. Lege sie nun auf den Rücken des Shirts und drücke sie leicht an. Mache zuerst zwei Abdrücke, bei denen die Flügel nach oben zeigen. Dann setzt du darunter kürzere Abdrücke kleinerer Federn. Wenn die Abdrücke nicht deutlich genug sind, kannst du Details später auch noch mit dem Pinsel nachziehen. Lasse die Farbe trocknen und bügle von der Rückseite darüber, um das Ganze zu fixieren.

278

Stern

Alter: ab 5 Jahren
Materialien:
Bastelpapier (gemustert),
Musterklammern, Nähgarn
und Schablone

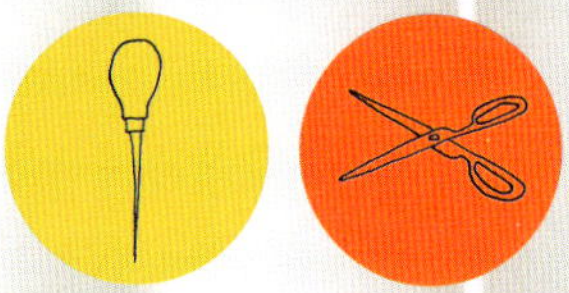

Zeichne mithilfe der Schablone den Stern dreimal auf das Papier und schneide die Sterne aus. Stich ein kleines Loch in ihre Mitte und setze sie mit der Musterklammer zusammen. Befestige auf der Rückseite einen Faden zum Aufhängen an der Klammer.

279

Alter: ab 2 Jahren
Materialien: 500 g Mehl,
250 g feines Salz, 3 El. Öl,
3 El. Zitronensäure, 500 ml
Wasser und Lebensmittelfarbe

Vermische alle Zutaten außer der Lebensmittelfarbe in einem Topf bei niedriger Hitze. Rühre so lange, bis die Masse fest und schwer wird. Nimm den Topf vom Herd und knete die Modelliermasse auf dem Küchentisch fertig. Teile sie in mehrere Stücke auf und knete verschiedene Farben in die Masse. Der Teig hält etwa drei Monate in verschließbaren Behältern im Kühlschrank.

Selbst gemachte Knetmasse

280

Alter: Frwachsener
Materialien: Wellpappe, Bleistift und 2 Musterklammern

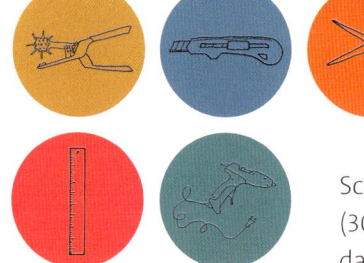

Schneide ein Stück Pappe (30 x 70 cm) zu. Falte es so, dass es 30 x 35 cm misst, und schneide eine Öffnung von 10 x 20 cm mit abgerundeten Ecken hinein. Klebe die Pappe zu einem Rohr zusammen und stelle dieses wiederum auf ein Stück Pappe, um den Umfang des Rohrs nachzuzeichnen. Schneide den Kreis aus und klebe ihn aufs Rohr. Schneide dir ein Stück Pappe von 14 x 30 cm zurecht. Falte es so, dass es 14 x 15 cm misst. Schneide breite Schlitze hinein und knipse mit der Lochzange in beide Seiten ein Loch. Befestige dieses Visier mit Musterklammern am Helm.

Ritter-
helm

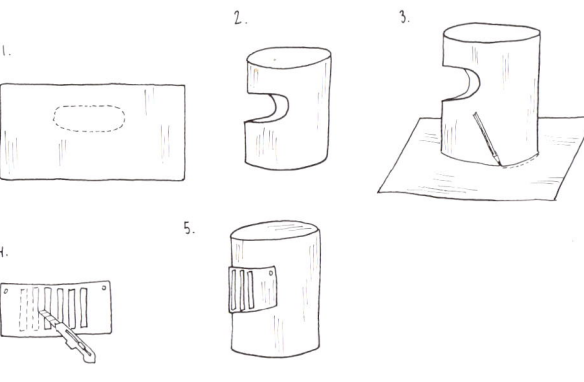

281 Ritterburg

Alter: ab 5 Jahren
Materialien: Schuhschachtel,
Wellpappe, braunes Packpapier,
Bleistift, 4 leere Toilettenrollen,
2 Zahnstocher und Schablone

Burg:
Schneide ein Stück Wellpappe zurecht, das 20 cm hoch ist und zum Umfang der Schachtel passt. Schneide Zacken in den Rand der Pappe und ein Tor in eine Seite der Burg. Klebe es um die Schachtel herum. Mithilfe der Schablone fertigst du nun noch zwei französische Lilien aus Wellpappe an und klebst diese an die Burg.

Türme:
Schneide ein Stück Wellpappe zurecht, das 25 cm hoch ist und um die Toilettenrollen passt. Schneide ein kleines Fenster in die Pappe hinein und klebe es wie einen Turm um die Rolle. Fertige vier solcher Türme. Rolle vier Spitzen von ca. 17 cm Höhe aus Packpapier, klebe sie zusammen und setze sie auf die Türme. Klebe abschließend die vier Türme an die Ecken der Burg.

Wetterhahn:
Schneide mithilfe der Schablone einen Hahn aus Packpapier aus. Klebe zwei Zahnstocher zu einem Kreuz und befestige den Hahn daran. Schneide kleine Spitzen für einen Pfeil zu und klebe sie an. Befestige den Wetterhahn auf einem der Türme.

282 Kartoffeldruck

Alter: ab 3 Jahren
Materialien: Stoff
oder Kleidung,
Kartoffel und
Textilfarbe

Halbiere eine Kartoffel und schnitze ein Motiv in die
flache Seite. Bestreiche es mit Farbe und drücke die
Kartoffel dort auf den Stoff, wo das Motiv sitzen soll.
Lasse die Farbe trocknen und bügle das Ganze beidseitig, damit die Farbe beim Waschen besser hält.

283
Rassel

Alter: ab 2 Jahren
Materialien: Flasche oder ein
anderer durchsichtiger Behälter,
Perlen und Krimskrams in
verschiedenen Farben

Lege einfach ein paar Perlen und
anderen Krimskrams in den Behälter, bestreiche den Deckelrand mit
Klebstoff und verschließe die Rassel. So entsteht im Handumdrehen
eine einfache Rassel, die ein abso-
luter Hit bei den Kleinen ist. Sie
kann von den älteren Geschwistern
gebastelt werden und der Inhalt
lässt sich ganz leicht austauschen.

284 Fliegenpilz-muffins

Grundrezept für Muffins:

Zutaten für ca. 15 St.:
150 g Butter, 150 g Zucker, 2 Eier, 200 g Mehl,
4 Tl. Backpulver und 2 El. Vanillezucker.
Materialien: Muffinform, Muffinförmchen

Die Butter schmelzen und abkühlen lassen. Ei
und Zucker schaumig schlagen. Mehl, Backpulver und Vanille vermischen. Die Mehlmischung und die Butter abwechselnd zur
Eiermasse geben. Die Förmchen in die Form
setzen, den Teig darin verteilen und backen
(15 Min./200 Grad). Die Muffins auf einem
Gitter abkühlen lassen.

Dekoration:

Zutaten: Zuckerguss, Lebensmittelfarbe (Grün,
Rot), Fondant und Zahnstocher (Zuckerguss
und Fondant sind im Fachhandel erhältlich).

Verquirle den Zuckerguss gemäß Packungsanweisung mind. fünf Minuten lang, damit
die Masse schön steif wird. Mische die grüne
Farbe unter den Zuckerguss und spritze ihn
dekorativ auf die Muffins.
Knete etwas rote Farbe in einen Teil der Fondantmasse. Forme kleine Fliegenpilze aus
weißem und rotem Fondant. Setze Stiel und
Hut mit etwas Wasser zusammen. Spieße die
Pilze auf Zahnstocher und stecke sie in die
Küchlein.

285 Schuhschachteln

Alter: ab 8 Jahren mit Erwachsenem
Materialien: Schuhschachteln und Stoff

Diese Schachteln eignen sich toll zum Aufbewahren von Schuhen, Spielzeug oder Krimskrams. Schneide den Stoff passend zu den Maßen der Schachtel aus. Bestreiche die Schachtel mit Decoupagekleber, lege den Stoff darauf und streiche ihn mit den Fingern glatt. Schneide eventuell überstehende Ränder ab. Streiche zusätzlich noch eine Schicht Klebstoff darüber und lasse die Schachtel trocknen.

286

Alter: ab 6 Jahren
Materialien: 2 Spieße, Papier
(gemustert), Schnur und ein Stück
Holz von einer Gemüsepalette oder
einem Obstkistchen

Brich die Spieße so durch, dass du zwei Stücke (15 und 8 cm) mit stumpfen Enden erhältst. Klebe diese zu einem Kreuz zusammen, lege es auf das Papier und zeichne die Drachenform auf. Schneide das Viereck aus und klebe es ans Kreuz. Binde eine Schnur von 15 cm als Schwanz an das lange Ende des Drachens. Schneide kleine Holzstücke zurecht und klebe sie an den Schwanz. Binde eine lange Schnur an die Mitte des Drachens und wickle das andere Ende um ein kleines Stückchen Holz. Hänge den Drachen nun als Dekoration ins Kinderzimmer.

Minidrachen

287 Rüstung

Alter: Erwachsener
Materialien: Wellpappe, Bleistift, Eierschachtel für 10 Eier und Band (120 cm)

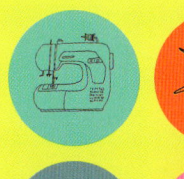

Schneide ein Stück Wellpappe (44 x 96 cm) aus und falte sie so, dass sie 44 x 48 cm misst. Die Linien der Pappe sollten waagrecht liegen, damit man sie leichter falten kann.

Zeichne in der Mitte einen Halsausschnitt (10 cm lang /20 cm breit) an. Schneide ihn aus. Schneide nun die Seiten ca. 6 cm bogenförmig ein. Schneide auch die unteren Ränder zu einem Bogen. Zerschneide den Boden einer Eierschachtel und klebe die zwei Hälften an die Schultern der Rüstung. Schneide aus dem Deckel der Eierschachtel ein Kreuz und befestige es vorne an der Rüstung. Schneide das Band in vier Teile à 30 cm und nähe sie an die Seiten der Rüstung.

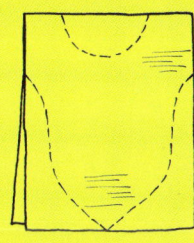

288 Kastanienjagd

Alter: alle

Unternimm im September und Oktober einen schönen, langen Spaziergang durch das Herbstlaub und sammle Kastanien. Die glatten, runden Früchte des Baumes sehen in einem Glas sehr hübsch aus. Auch in der Tasche fühlen sie sich als Handschmeichler gut an. Bewahre die Kastanien in einem Glas an einem nicht zu warmen Ort auf. So halten sie sich besser.

289 Pfeil und Bogen

Alter: ab 6 Jahren mit Erwachsenem
Materialien: 3 Bambusstangen (ca. 60 cm),
3 Federn, starke Schnur, 3 Weinkorken und ein
biegsamer Holzstock, z. B. Haselnuss (1 m)

Bogen:

Säge ca. 3 cm von der Spitze eine kleine Rille um beide Enden des Holzstockes. Wickle die Schnur an einem Ende um die Rille und binde sie gut fest. Ziehe die Schnur dann so zum anderen Ende des Bogens, dass dieser gespannt ist. Binde auch hier die Schnur in der Rille fest.

Pfeil:

Säge einen kleinen Spalt ins eine Ende der Bambusstange, damit man den Pfeil auf die Schnur des Bogens spannen kann. Binde ein paar Federn mit einer starken Schnur fest an den Pfeil. Bestreiche die Schnur mit Klebstoff, damit sie besser hält. Setze einen Weinkorken auf die Pfeilspitze, damit sich niemand verletzen kann. Denke daran, dass bei diesem Spiel niemals ins Gesicht gezielt werden darf.

290

Alter: ab 4 Jahren
Materialien: starker sowie
dünner Draht, Moos und
kleine Dekopilze

Fertige aus dem starken Draht einen Kranz. Lege das Moos darauf und befestige es mit dem dünnen Draht, der vorsichtig um das Moos gewickelt wird. Abschließend werden noch die kleinen Pilze mit Draht im Moos befestigt. (Überall darauf achten, dass du die Drahtenden so einbiegst, dass sie nicht piksen.)

Mooskranz

291

Alter: Erwachsener
Materialien: Leintuch (naturfarben und rot,
je 50 cm), Nähgarn, Stoffreste (weiß) und
Kissenfüllung

Schneide einen Kreis (Ø 40 cm) aus dem
roten Leinen. Schneide 15 kleine weiße Flie-
genpilzpunkte aus dem Stoffrest. Nähe sie
auf dem roten Stoff fest.
Schneide einen Kreis (Ø 30 cm) aus dem
naturfarbenen Leinen. Nähe einen Heft-
faden um den Rand des roten Kreises und
ziehe ihn so zusammen, dass du beide Kreise
zusammennähen kannst. Lasse dabei eine
Öffnung für die Kissenfüllung. Fülle den Pilz
und schließe die Öffnung.
Schneide für den Stiel einen Kreis (Ø 17 cm)
und ein Viereck (24 x 15 cm) aus dem naturfarbenen Leinen. Nähe die Viereckseiten von
15 cm zusammen und nähe den kleinen Kreis
an das Röhrchen. Lasse auch hier eine kleine
Öffnung für die Kissenfüllung. Biege die oberen Ränder des Stiels um und nähe ihn mit
der Hand an den Pilzkopf. Fülle den Stiel mit
Kissenfüllung und schließe die Öffnung.

Fliegenpilz

Alter: ab 5 Jahren
Materialien: Kastanien und Streichhölzer

Kastanien-tiere

Bohre mit der Ahle Löcher in die Kastanien und setze sie, mit Streichhölzern als Verbindung, zu Tieren und Figuren zusammen.

Alter: ab 2 Jahren mit Erwachsenem
Materialien: Draht

Zutaten: 4 Äpfel
Entferne das Kernhaus und schneide die Äpfel in dünne Scheiben. Heize den Ofen auf 50 Grad vor. Trockne die Apfelringe auf Backpapier ein paar Stunden im Ofen. Die Äpfel können als Deko, Snacks oder im Müsli verwendet werden. Hier wurden die Ringe auf Draht gefädelt und zu einem Kranz gebogen.

Snack aus Apfelscheiben

294

Materialien: Pappe, Fotos von Äpfeln, Draht und Flasche

Diese Schildchen sind praktisch, wenn man bei Kindergeburtstagen einen Überblick über die Getränke behalten will.
Klebe Fotos von Äpfeln auf ein Stück Pappe, schneide sie aus und bohre mit der Ahle ein kleines Loch für den Draht hinein. Schreibe den Namen des Kindes auf die Rückseite und binde den Aludraht um die Flasche. (Denke daran, die spitzen Enden so einzubiegen, dass sie nicht piksen.)

Namens-schilder

295

Alter: ab 3 Jahren
Materialien: Herbstblatt
und Glitzerkleber

Sammle Blätter und ver-
ziere sie mit Glitzerkleber.

Glitzerblatt

296 Kastaniennetz

Alter: ab 4 Jahren
Materialien: 6 Streichhölzer, eine Kastanie und Garnreste (verschiedene Farben)

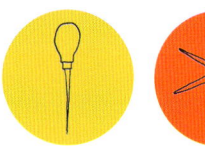

Bohre mit der Ahle sechs Löcher in die Kastanie und stecke Streichhölzer hinein. Wickle das Garn um die Hölzer in der Kastanie zu einem Ring, sodass es wie ein Spinnennetz aussieht.

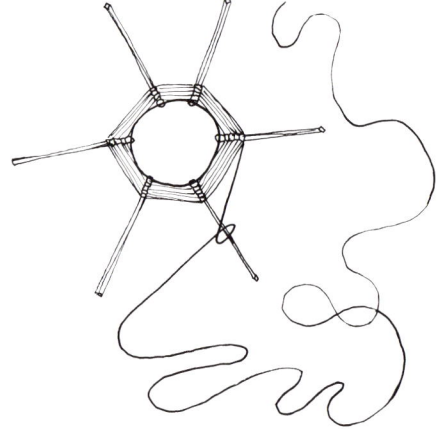

297

Alter: ab 5 Jahren
Materialien: dicke Wolle und ein Knopf

Hier ist eine einfache Anleitung für ein erstes selbst gestricktes Werk.

Mein erster Geldbeutel:

Schlage zehn Maschen an und stricke rechte Maschen hin und zurück, bis das Ganze 25 cm misst. Kette die Maschen ab.

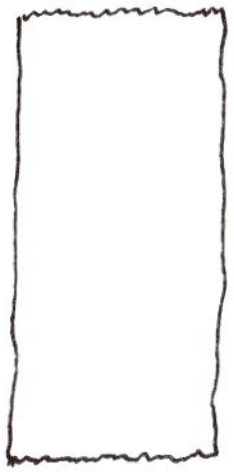

Falte das Gestrickte nach oben, wie du es auf der Abbildung siehst, und nähe die Seiten zu einem Geldbeutel zusammen.

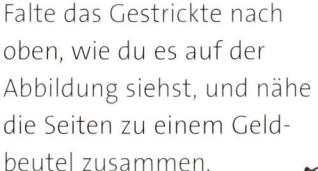

Nähe einen Knopf in der Mitte fest.

Schließe den Beutel, indem du den Knopf durch eine Masche schiebst.

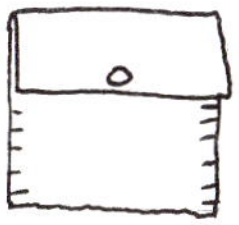

Lerne
Stricken

Alter: Erwachsener

Rund um den Zeichentisch der Kinder bricht schnell das Chaos aus. Viele Dinge wollt ihr aufheben, gleichzeitig kann man sie aber nicht einfach in Schubladen stecken. Eine Lösung ist, die verschiedenen Kreationen über dem Tisch aufzuhängen. Ein Kleiderhaken macht sich gut, um daran einen Korb für Pappe oder andere Bastelsachen aufzuhängen. Weitere Haken für Perlenketten und andere Kunstwerke bringen noch mehr Ordnung in die Künstlerwerkstatt.

Ordnung auf dem Zeichentisch

299

Kandierte Äpfel

Zutaten für 15 Stück: 15 Äpfel, 250 g Zucker, 100 ml Wasser, 25 ml Essig, Lebensmittelfarbe (Rot), Kokosraspel und Schaschlikspieße

Wasser und Zucker unter Rühren bei schwacher Hitze erwärmen. Wenn sich der Zucker aufgelöst hat, Lebensmittelfarbe und Essig hinzufügen. Rühre die Zuckermischung bei niedriger Hitze, bis sie gleichmäßig glatt ist. Stecke einen Apfel auf einen Spieß und wende ihn in der Zuckermischung. Bestreue ihn mit Kokosraspeln und lasse den Zuckerüberzug hart werden.

300

Alter: ab 6 Jahren
Materialien: Kürbis

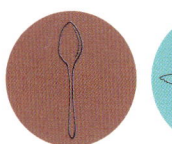 

Schneide den oberen Teil
des Kürbisses ab, schön
sieht das in Zackenform
aus. Höhle den Kürbis mit
einem Löffel aus. Wenn
er leer ist, schneidet
man Löcher für Augen
und Mund hinein. Stelle
nun ein Teelicht in die
Mitte. Passe auf, dass die
Kerze den Deckel nicht
verbrennt.

Kürbisgesicht

Fleder-
maus

301

*Alter: ab 5 Jahren
Materialien: Wellpappe
(schwarz), Bleistift und
Schablone*

Zeichne mithilfe der
Schablone Fledermäuse
auf die Rückseite der
Pappe. Die Schablone
lässt sich vergrößern
oder verkleinern. Es
wirkt gut, wenn sich die
Fledermäuse ein biss-
chen unterscheiden.
Schneide sie aus und
klebe sie an die Wand.
Oder stich ein kleines
Loch hinein und hänge
sie an einer Schnur ins
Fenster.

Tütenmaske

Alter: ab 3 Jahren
Materialien: Papiertüte,
Hobbyfarbe und Schnur

Schneide Löcher für die Augen in die Tüte und bemale sie mit einem Gesicht. Klebe zum Schluss etwas Schnur als Haar an der Tüte fest.

303

Alter: ab 4 Jahren
Materialien: Joghurteimer,
Hobbyfarbe (Orange und
Schwarz)

Bemale das Eimerchen
orange. Wenn die Farbe
trocken ist, zeichne ein
schwarzes Gesicht auf den
Behälter. Jetzt noch richtig
gruselig verkleiden und
schon kann es losgehen
mit der Süßigkeiten-Sam-
melei zu Halloween!

Halloween-
Süßigkeitensammler

304

Alter: ab 4 Jahren
Materialien: 5 Federn,
Stoffband (1 m) und Draht

Nähe die Federn an die
Rückseite des Stoffbandes.
Manche Bänder sind auch
so locker gewebt, dass
man die Federn einfach
durch die Maschen ste-
cken kann, ohne nähen zu
müssen. Binde das Band
nun um den Kopf des
Kindes.
Bei kleinen Kindern ist ein
Gummiband am prak-
tischsten, weil es schön
stramm sitzt.

Indianer-
schmuck

Blätterkranz

Alter: ab 2 Jahren
Materialien: Blätter und Draht

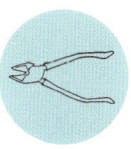

Sammle richtig viel buntes Herbstlaub. Schneide dir ein Stück Draht von ca. 70 cm ab. Stich den Draht durch die Blätter und fädle sie ganz dicht zu einer Kette auf. Verschließe das Ganze zu einem Kranz. Hänge den Kranz z. B. als Herbstschmuck an eine Tür.

Laterne aus Milchkarton

Alter: ab 3 Jahren
Materialien: Milchkarton, Hobbyfarbe,
Teelicht, 4 Musterklammern und Schnur

Öffne den Milchkarton an den Seiten, indem du ihn ein paar Zentimeter über dem Boden und mit einigem Abstand längs der Kanten (wie im Bild) einschneidest. Bemale die Lampe, lasse sie trocknen. Rolle die Streifen nun jeweils nach oben. Stich mit der Ahle ein Loch in die Rollen und oben in den Karton. Fixiere die gerollte Pappe mit den Musterklammern. Stich mit der Ahle ein Loch oben in die Lampe und fädle eine Schnur zum Aufhängen hindurch. Nun stelle ein Teelicht hinein.

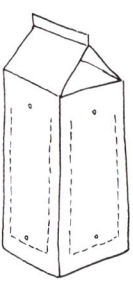 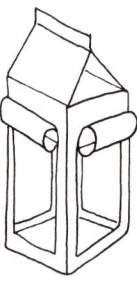

307

Apfelbrot

Zutaten für ca. 6 Brote: 15 g Hefe, 150 ml Wasser, 3 El. Olivenöl, 1 Tl. Salz, 250 g Mehl, 8 Äpfel, 100 g Zucker, 100 ml lauwarmes Wasser und Zimt

Verrühre die Hefe mit dem lauwarmen Wasser. Füge Salz und Öl hinzu. Verknete das Ganze mit dem Mehl zu einem Teig und lasse ihn 20 Minuten zugedeckt ruhen.

Schäle sechs Äpfel und schneide sie in Würfel. Koche sie zusammen mit Zucker und Wasser in einem Topf. Lasse sie bei schwacher Hitze simmern, bis die Äpfel zu Mus zerfallen sind. Rolle den Teig aus. Bemehle die Arbeitsfläche und das Nudelholz gut, da der Teig sehr dünn werden soll. Stich den Teig nun mithilfe eines Glases aus und bestreiche ihn mit Apfelmus. Schneide zwei Äpfel in dünne Spalten und verteile sie auf dem Mus. Bestreue die Brote noch mit Zimt und backe sie (10 Min./ 200 Grad).

Popcorn zum Film

Tüten:

Alter: alle
Materialien: Milchkartons und
Hobbyfarbe

Schneide den Milchkarton mit
einem Teppichmesser in der Mitte
durch. Spüle den Karton gut aus
und bemale ihn wie eine hübsche
Popcorntüte.

Popcorn:

Zutaten: 1 El. Rapsöl / Sonnenblumen-
öl, 100 g Puffmais, Salz oder Zucker

Gib das Öl in einen hohen Topf und
erhitze es. Reduziere die Hitze, gib
den Mais dazu und lege rasch den
Deckel darauf. Schüttle den Topf
immer wieder etwas. Nach ein paar
Minuten beginnt der Mais zu pop-
pen. Wenn der Mais fertig gepoppt
ist, gibt man ihn in eine Schüssel und bestreut ihn sofort je nach
Geschmack mit Salz oder Zucker.

Fernseher

Alter: ab 4 Jahren mit Erwachsenem
Materialien: Pappschachtel, Stempel mit Stempelkissen sowie Bleistift

Schneide ein Loch als Bildschirm in eine Seite der Schachtel. Stemple Zahlen auf die abgeschnittene Pappe und schneide sie wie runde Knöpfe aus. Klebe die Knöpfe an den Fernseher. Schneide zum Schluss ein Loch in den Boden der Schachtel und seitlich Einbuchtungen für die Schultern, sodass man sich den Fernseher aufsetzen kann.

310 Messlatte

Materialien: Wandfarbe (Schwarz), Zahlen-Schablonen, Bleistift und Malerkreppband

Zeichne mit einem Lineal einen senkrechten Bleistiftstrich vom Boden nach oben an die Wand. Klebe Malerband links und rechts dieses ca. 1 cm dicken Strichs und male ihn mit schwarzer Farbe aus. Wenn er trocken ist, nimmst du das Malerband ab und zeichnest Abstände von je 10 cm bis zu einer Höhe von 150 cm ein. Umklebe wiederum jeden mit Band und male ihn aus. Zeichne die Zahlen auf der Messlatte mit Schablonen und Bleistift an. Male sie ebenfalls mit einem feinen Pinsel aus. Nun kannst du immer wieder die aktuelle Größe des Kindes an dieser Messlatte vermerken. Für mehrere Kinder nimmst du einfach verschiedene Farben.

311

Alter: Erwachsener
Materialien: Kapaline-
Platte (Leichtschaumplatte,
erhältlich im Modellbau-
oder Architektur-Bedarf),
Schnur, Nähgarn, 2 Perlen
und Schablone

Zeichne eine Eule auf die
Platte. Lasse dich dabei
von Schablone 139 inspi-
rieren. Schneide die Eule
aus und stich oben mit der
Ahle ein Loch hinein. Ziehe
eine Schnur zum Aufhän-
gen hindurch. Bohre kleine
Löcher über den Augen
der Eule und befestige
als Pupillen mit Nähgarn
jeweils eine Perle darin.

Nachteule

312
Amerikanische Pfannkuchen

Zutaten für 4 Pers.: 180 g Mehl, 2 El. Zucker, 2 El. Backpulver, Prise Salz, 2 Eier, 50 g Butter, 300 ml Milch, Butter oder Öl zum Braten sowie Sirup

Vermische Zucker, Backpulver und Salz mit dem Mehl. Schlage das Ei in eine Schüssel und rühre die Milch hinein. Lasse die Butter schmelzen und gieße auch sie zum Ei. Rühre nun mit dem Schneebesen langsam die Mehlmischung unter, sodass keine Klümpchen entstehen. Erhitze etwas Butter oder Öl in einer Pfanne und gib den Teig mit einem Esslöffel hinein. Backe die Pfannkuchen, bis sie goldbraun und durch sind. Serviere sie mit Sirup.

Alter: Erwachsener
Materialien: Stoff (70 x 105 cm), Nähgarn, 8 Stücke Stoff (à 27 x 22 cm) und Schrägband (4,5 m)

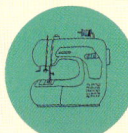

Bett-
taschen

Es ist hübsch und zugleich praktisch, Stofftiere, Gute-nachtgeschichten, Schnuller und anderes direkt am Bett zu haben.

Taschen:

Schlage immer eine kurze Seite der kleinen Stoffstücke 1 cm um und nähe den Umschlag fest. Bügle die anderen drei Ränder 1 cm um.

Halterung:

Befestige jeweils vier Stoffstücke nebeneinander in einer Reihe mit Stecknadeln am großen Stoff. Sie sollten 5 cm auseinanderliegen und die Taschenöffnungen sollten in der Stoffmitte liegen, da das Ganze ja über

die Bettkante gehängt wird. Nähe die Taschen fest. Nähe das Schrägband an den Rand des großen Stoffs. Nähe nun noch zwei kleine Stückchen Band (je 30 cm) links und rechts mittig an, damit man die Halterung am Gitterbett festbinden kann.

TIPP: Verwende kräftigen Stoff, damit schwere, kantige Bücher ihn nicht beschädigen.

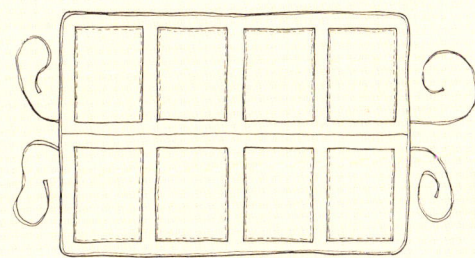

314
Mond-
mobile

Alter: Erwachsener
Materialien: Holzstäbchen, Bleistift, Schnur,
Filz (blau und gelb) sowie Schablone

Zeichne Sterne und Wolken auf den Filz.
Schneide sie aus und knipse mit der Lochzange Löcher hinein. Zeichne mithilfe der
Schablone einen Mond auf den Filz und
schneide ihn aus. Lege ihn nochmals auf
den Filz, klebe ihn fest und schneide den
doppelten Mond aus. Knipse oben auch ein
Loch hinein.
Binde Schnüre an das Holzstäbchen und
hänge die Figuren daran auf. Knote eine län-
gere Schnur an beide Enden des Stäbchens,
um das Mobile übers Bett zu hängen.

315 Tischkarten

Alter: ab 4 Jahren
Materialien: Ton (weiß) oder
Knetmasse, Pralinen- und
Muffinförmchen, Klammern
für Tischkarten, Fotokarton,
Bleistift und Stempel mit
Stempelkissen

Rolle eine kleine Kugel Ton, die in die Pralinenförmchen passt. Stecke die Klammer für die Karte hinein. Schneide, z. B. mithilfe eines Glases, eine runde Karte aus Karton aus. Stemple den Namen darauf. Schneide etwa 1 cm vom Rand des Muffinförmchens ab und klebe ihn um die Karte. Schiebe die Karte nun noch in die Klammer.

316

Himmelbett

Alter: Erwachsener
Materialien: ein Stück Stoff
und ein Haken

Befestige den Haken an
der Decke über dem Bett-
gestell. Miss die Höhe
vom Boden bis zur Decke
und schneide ein Stück
Stoff zurecht, das zweimal
so hoch ist plus 40 Zentimeter. Befestige den Stoff
so am Haken, dass auf
beiden Seiten gleich viel
herabhängt.

317 Frühstücksbrötchen

Zutaten für ca. 20 St.:
20 g Hefe, 100 ml
lauwarme Milch, 4 El.
Rübensirup, 1 El. Salz,
3 Eier, 1 l Buttermilch,
1 kg Mehl und 0,5 kg
Grahammehl (oder
Weizenvollkornmehl)

Löse Sirup, Salz und Hefe in der Milch auf, quirle die Eier hinein und gib Buttermilch sowie Mehl hinzu. Verknete das Ganze zu einem Teig, den du über Nacht im Kühlschrank ruhen lässt.

Knete den Teig erneut durch. Verwende dabei evtl. noch etwas Mehl, wenn der Teig zu sehr klebt. Forme etwa 20 Brötchen und lasse diese erneut etwa eine Stunde auf einem Backblech gehen. Bestreiche die Brötchen mit etwas Wasser und backe sie (25 Minuten/200 Grad).

Pyjamasäckchen 318

Alter: Erwachsener
Materialien: Filz, Stoff- und Filzreste, Vliesband, Nähgarn, Reißverschluss (20 cm) und Schablone

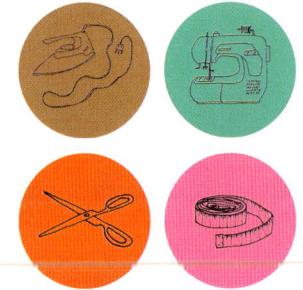

Im Pyjamasäckchen ist der Schlafanzug immer schön aufgeräumt. Schneide die Eule gemäß der Schablone aus dem Filz aus und nähe ein Gesicht darauf. Bügle das Vliesband auf die Rückseite der Stoffreste. Schneide etwa 50 ähnlich große Zünglein aus dem Stoff. Nähe sechs Zünglein auf den Kopf, den Rest in Reihen an den Körper der Eule. Nähe den Reißverschluss in den Boden der Eule. Zum Schluss nähst du noch die Seiten der Eule von der Vorderseite her zusammen.

319 Bär zum Selber nähen

*Alter: ab
5 Jahren
Materialien:
Filz, Füllwatte
und Garn*

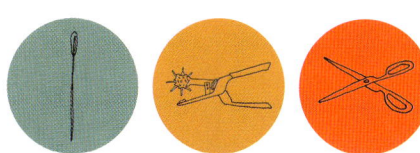

Zeichne eine Bärenform auf den Filz. Knipse mit der Lochzange im Abstand von ca. 1 cm Löcher in den Rand des Bärchens.

Schneide für die Augen zwei Kreise in verschiedenen Größen aus dem Filz und nähe sie aufeinander. Befestige sie anschließend als Augen am Bärenkopf. Nähe die Seiten des Bärchens an den Löchern zusammen. Bevor er jedoch komplett zugenäht wird, kommt noch Füllwatte hinein.

320

Lichter im Schnee

Alter: alle
Materialien: Handschuhe, Teelichter und Streichhölzer

Grabt kleine Löcher in den Schnee und stellt die Teelichter hinein. Zündet sie an und lasst sie brennen, wenn es dunkel wird.

321

Alter: Erwachsener
Materialien: Bleistift, Foto-
karton, Holzstab und
Schablonen

Erzähle deine Gutenachtge-
schichten doch einfach mal mit
Bildern. Du kannst entweder
ausgehend von Schablonen die
Geschichten zusammenstel-
len oder du bastelst dir einfach
deine eigenen Figuren.
Zeichne eine Schablone auf
Fotokarton nach und schneide
die Figur aus. Klebe einen Holzstab an ihre Rückseite.
Halte die Figur nun vor
eine Taschen- oder Nacht-
tischlampe, richte das Licht auf
die Wand und spiele mit dem
Schatten der Figur.

Schattenspiel

322

Alter: ab 5 Jahren
Materialien: Filz und Garn

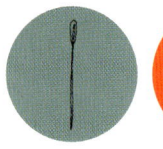 

Schneide ein Lesezeichen (17 x 4 cm) aus Filz zurecht. Schneide Fransen von ca. 3 cm in die Enden. Nähe als Schmuck Muster in verschiedenfarbigem Garn auf das Lesezeichen.

i jardín.
La gran piedra
El charco. Mi c
y sus piratas san
Y el pozo dond
carniptyrodicus

Lesezeichen

323

Zutaten für 4 Pers.: 4 Stück Toastbrot, 100 ml Milch, 1 Ei, Zucker, Zimt und Butter oder Öl

Verquirle Milch und Ei. Vermische Zucker und Zimt. Erhitze etwas Butter oder Öl in der Pfanne. Wende das Brot in der Eimischung und bestreue es mit Zimtzucker. Brate das Brot nun in der Pfanne goldbraun und knusprig aus.

Arme Ritter

324
Futterstelle
für Vögel

Alter: ab 3 Jahren
Materialien: 1 Milchkarton,
Hobbyfarbe, Schnur und Vogelfutter.
Als Vogelfutter eignen sich
Haferflocken, Rosinen,
Sonnenblumenkerne, Samen,
gehackte Nüsse.

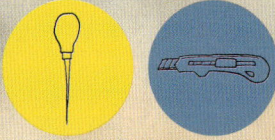

Schneide Öffnungen in alle vier Seiten des Kartons, ca. 5 x 12 cm groß
und 5 cm über dem Kartonboden,
damit auch Platz fürs Vogelfutter
bleibt. Bemale den Karton. Stich
mit der Ahle ein Loch in die Spitze
und fädle eine Schnur zum Aufhängen hindurch. Befülle den Karton
mit Vogelfutter und hänge ihn in
den Baum.

325

Alter: ab 4 Jahren
Materialien: großes Styroporei,
kleines Watteei, 3 Knöpfe,
2 Korken, ein Pfeifenreiniger und
Hobbyfarbe

Bemale das Watteei mit einem
Gesicht und das große Ei als
Körper. Klebe die Knöpfe an den
Körper und die Korken als Beine
unter das Ei. Befestige nun den
Kopf mit Klebstoff auf dem Kör-
per und wickle den Pfeifenreini-
ger als Arme um den Hals.

Dickerchen

Süßer Schmuck

Alter: ab 8 Jahren
Materialien: Cellophan (gibt es im Supermarkt bei den Einmachzutaten), Nähgarn und Süßigkeiten

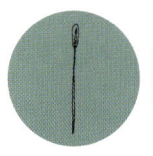

Schneide zwei Stücke Cellophan in eine weihnachtliche Form, z. B. in Herzform, in Tannenform oder als spitze Tüte. Nähe sie am Rand zusammen. Lasse dabei eine Öffnung übrig, um die Süßigkeiten hineinzufüllen. Ist die Tasche gefüllt, nähst du auch diese Öffnung zu und fädelst einen Faden als Aufhängung durch das Cellophan.

327

Alter: ab 2 Jahren
Materialien: Ton oder
Knetmasse, Kerze, Zweige,
Zapfen und andere grüne Zierde

Forme die Knetmasse zu einer
runden Platte und befestige
die Kerze in der Mitte. Stecke nun um die Kerze herum
dekorativ Zweige, Zapfen und
andere Zierelemente in die
Masse hinein.

Weihnachtsdekoration

Alter: ab 4 Jahren
Materialien: ein Stück Wellpappe (8 x 110 cm),
Pfeifenreiniger (3 x weiß, 2 x rot), Basteldraht,
Wattekugel, Hobbyfarbe (Weißgrau, Rot, Schwarz)
und Filzrest (rot)

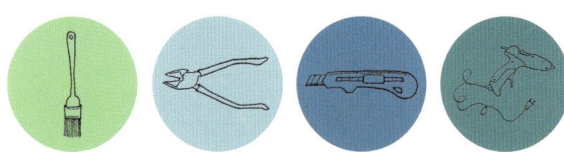

Bemale die Kugel weißgrau. Lasse zwei Löcher für
die Augen frei und zeichne als Pupille einen schwarzen Punkt hinein. Male einen kleinen roten Mund.
Miss den Umfang des Kopfes und schneide für die
Mütze zwei Dreiecke aus rotem Filz zurecht. Klebe
die Mütze an den Rändern und auf dem Wichtel-
kopf fest. Stecke als Hals ein kleines Stück des weißen Pfeifenreinigers ins Loch unten am Kopf.
Schneide die Pappe in zwei lange Dreiecke. Nimm
ein Dreieck und bestreiche es mit Klebstoff. Rolle es
so, dass ein Wichtelkörper entsteht. Befestige den
Kopf mit Pfeifenreiniger und Klebstoff am Körper.
Schneide für die Beine zwei Stücke Basteldraht von
15 cm zurecht. Biege sie mittig und wickle die roten
Pfeifenreiniger herum. Schneide als Arme zwei Stücke weißen Pfeifenreiniger zu (8 cm lang). Stecke
nun Arme und Beine in die Wellpappe.

Weihnachtswichtel

329

Alter: Erwachsener
Materialien:
Puppenhaustürchen

Klebe eine Puppenhaustür an die Fußleiste des Kinderzimmers. Wer dort wohl wohnt?

Wer wohnt hier?

330

Adventskranz

Alter: ab 6 Jahren
Materialien: Styroporkranz,
Perlen, Pailletten, Draht,
4 Kerzen und Spielzeug

Schneide vier Stücke Draht
à 35 cm zurecht. Fädle auf
20 cm Länge Perlen auf und
wickle die Perlendrähte spiral-
artig so um die Enden der Kerzen, dass sie zu Kerzenhaltern
werden. Binde das Ende der
Drähte so um den Kranz, dass
die Kerzen später fest darauf
sitzen. Stecke die Kerzen in
die Halter. Wickle Draht ums
Spielzeug und befestige es als
Schmuck am Kranz. Bestreiche
den Kranz nun noch mit Klebstoff und streue Perlen und
Pailletten darüber.

331 Girlande

Alter: ab 2 Jahren
Materialien: Papier
und Filzstift

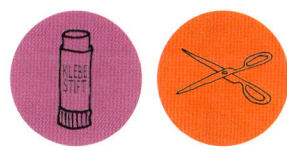

Zeichne ein kunterbuntes Bild und schneide es in dünne Streifen von ca. 10 cm. Klebe die Streifen als Kreise ineinander.

332

Alter: ab 3 Jahren
Materialien: weiße, glatte
Pappe und gemusterte
Pappe, Klebepaste, Filzstifte

Zeichne 24 Türchen auf ein
Stück gemusterte Pappe
und schneide sie mit
einem Teppichmesser so
auf, dass man sie öffnen
kann. Klebe die Pappe mit
den Türchen auf ein Stück
weiße Pappe. Zeichne
kleine Bilder hinter die
verschiedenen Türchen
und schließe sie am Ende
mit Klebepaste.
TIPP: Am besten lässt sich
die Klebepaste von glatter
Pappe lösen.

Advents-
türchen

333 Weihnachtsstrumpf

Alter: Erwachsener
Materialien: Seidenpapier,
Plastikfolie, Klebeband
(gemustert), Papier (gemustert)
und Nähgarn

Lege einen Strumpf auf das
Seidenpapier und zeichne seine
Umrisse mit einem Rand von
etwa 2 cm nach. Schneide aus
dem Seidenpapier zwei sol-
che Strümpfe aus. Verziere sie
mit Streifen des Klebebandes
sowie mit Papier. Lege Plastikfolie über die Papierstrümpfe
und schneide sie zu. Schneide
außerdem als Riemchen aus
zwei Lagen Plastikfolie einen
Streifen (2 x 20 cm) zu und verziere ihn mit Klebeband. Nähe
die Strümpfe zusammen und
den Streifen als Riemchen an
den Rand.

334 Adventskalender

Alter: Erwachsener
Materialien:
24 Streichholzschachteln,
Zahlenstempel
und Stempelkissen,
Papier (35,5 x 6 cm)

Klebe jeweils sechs Streichholzschachteln in vier Stapeln aufeinander und klebe diese wiederum zu einer großen Schachtel zusammen. Beklebe nun die Seiten der Schachtel mit Papier. Stemple Zahlen auf die Vorderseiten und lege in jedes Fach ein Minigeschenk.

335 Kalenderkerze

Alter: ab 3 Jahren
Materialien: große Kerze und Wachsfarbe

Bastelt euch eine Kalenderkerze und lasst sie im Advent immer ein
bisschen weiter herunterbrennen – bis Weihnachten. Es ist ganz
leicht, die Kerze mit Wachsfarbe selbst zu verzieren.

336

Alter: ab 4 Jahren
Materialien: Knöpfe (grün und braun) sowie Draht

Schneide ein Stück Draht (ca. 15 cm) zu und fädle die Knöpfe darauf. Beginne mit kleinen grünen Knöpfen, verwende dann immer größere und schließe das Ganze mit kleinen braunen Knöpfen als Stamm ab. Verschließe den Draht beidseitig, indem du die Enden um sich selbst wickelst.

Weihnachtsbaum
aus Knöpfen

337 Orangen mit Nelken

Alter: alle
Zutaten: Orangen und Nelken

Diese Orangen duften zur Weihnachtszeit wunderbar! Die Nelken lassen sich ganz leicht in die Orangen stecken. Man kann Muster damit bilden oder sie ganz zufällig anordnen.

338 Schneemann

Alter: ab 3 Jahren
Materialien: 4 Wattekugeln
in 3 Größen, Zucker, ein
Knopf, gelber Filz (1 x 18 cm),
Süßigkeiten für Augen und
Nase sowie ein Pfeifenreiniger
(schwarz)

Bestreiche die Kugeln mit
Klebstoff und wälze sie in
Zucker. Wenn die Zuckerku-
geln trocken sind, klebst du
sie zu einem Schneemann
zusammen. Schneide Fran-
sen in die Enden des Filz-
schals und klebe ihn sowie
Augen und Nase an den
Schneemann. Damit er gut
steht, befestigst du einen
Knopf mit Klebstoff an seiner Unterseite.
Biege den Pfeifenreiniger zu
einem Besen und klebe ihn
an einen Arm.

339

Alter: ab 3 Jahren
Materialien: Schmuckdraht
(ca. 15 cm), große Pailletten,
Perlen und Pfeifenreiniger
(golden und silbern)

Fädle die erste Perle auf den Draht und wickle sie fest. Fädle nun auch Pailletten und weitere Perlen auf. Biege die Pfeifenreiniger zu kleinen Schleifchen und befestige diese ebenso am Draht. Verschließe das Ganze mit einer Schlaufe zum Aufhängen am Tannenzweig.

Eine schöne Zierde sind auch Drähte mit kleinen Perlen, die sich zu Weihnachtsmotiven wie Sternen oder Tannenbäumen biegen lassen.

Schmuck aus Draht

Alter: Erwachsener
Materialien: Bällchen aus
Schaumzucker, Marshmallows,
Sternchen (Kuchendeko),
Fruchtgelee-Figuren (z. B. kleine
Orangen oder Wassermelonen)
und Puderzucker

Verrühre etwas Puderzucker mit Wasser zu einer dicken Glasur. Gib drei kleine Kleckse Glasur auf das Schaumzucker-Bällchen und befestige Sternchen sowie Fruchtgelee als Gesicht daran. Schneide zwei Kerben in die Seite des Marshmallows. Klebe nun den Kopf mithilfe der Glasur auf das Marshmallow.

Zuckerpinguin

341 Iglu

Alter: ab 7 Jahren
Materialien: ein Stück Pappe, Bleistift, eine Packung
Zuckerwürfel und eine Tüte weißer Zucker

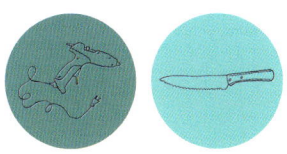

Zeichne einen Kreis als Grundform auf die Pappe (z. B. mit einem Teller). Bestreiche den Rand des Kreises mit einem schmalen Streifen Klebstoff und spare dabei ein Loch für die Öffnung des Iglus aus. Lege die Zuckerstücke auf den Klebstoff.

Bestreiche sie oben wieder mit einer Schicht Klebstoff und errichte eine neue Reihe Zuckerstückchen. Lege diese in einem etwas schmaleren Radius als die erste Reihe. Errichte so Reihe für Reihe, bis der Iglu fertig ist. Die vordere Öffnung wird nach fünf Reihen abgeschlossen. Zum Schluss baust du mit Zuckerstückchen den Eingang. Streue darum herum Zucker als frisch gefallenen Schnee.

TIPP: Wer am Ende nicht gerne Lebensmittel wegwirft, kann auch mit Zuckerguß (200 g gesiebten Puderzucker und ein Eiweiß steif schlagen) statt Klebstoff experimentieren. Dann bleibt der Iglu essbar.

342

Alter: ab 4 Jahren
Materialien:
Streichholzschachtel,
Weihnachtsbilder von
Karten oder Glanzbildern
und Papier (gemustert)

Schneide Bilder und Papier
passend zu den Schachtel-
maßen zurecht. Klebe bei-
des auf die Schachtel.

Geschenk-
schachtel

343

Tannenbaum-schmuck

Alter: ab 5 Jahren
Materialien: z. B. Playmobilfiguren oder
Bauernhoftiere, Ösen und Schnur

Bohre Löcher in die Spitzen der Figuren,
drehe eine Öse hinein und binde eine
Schnur zum Aufhängen am Baum daran.

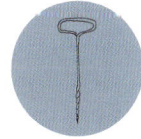

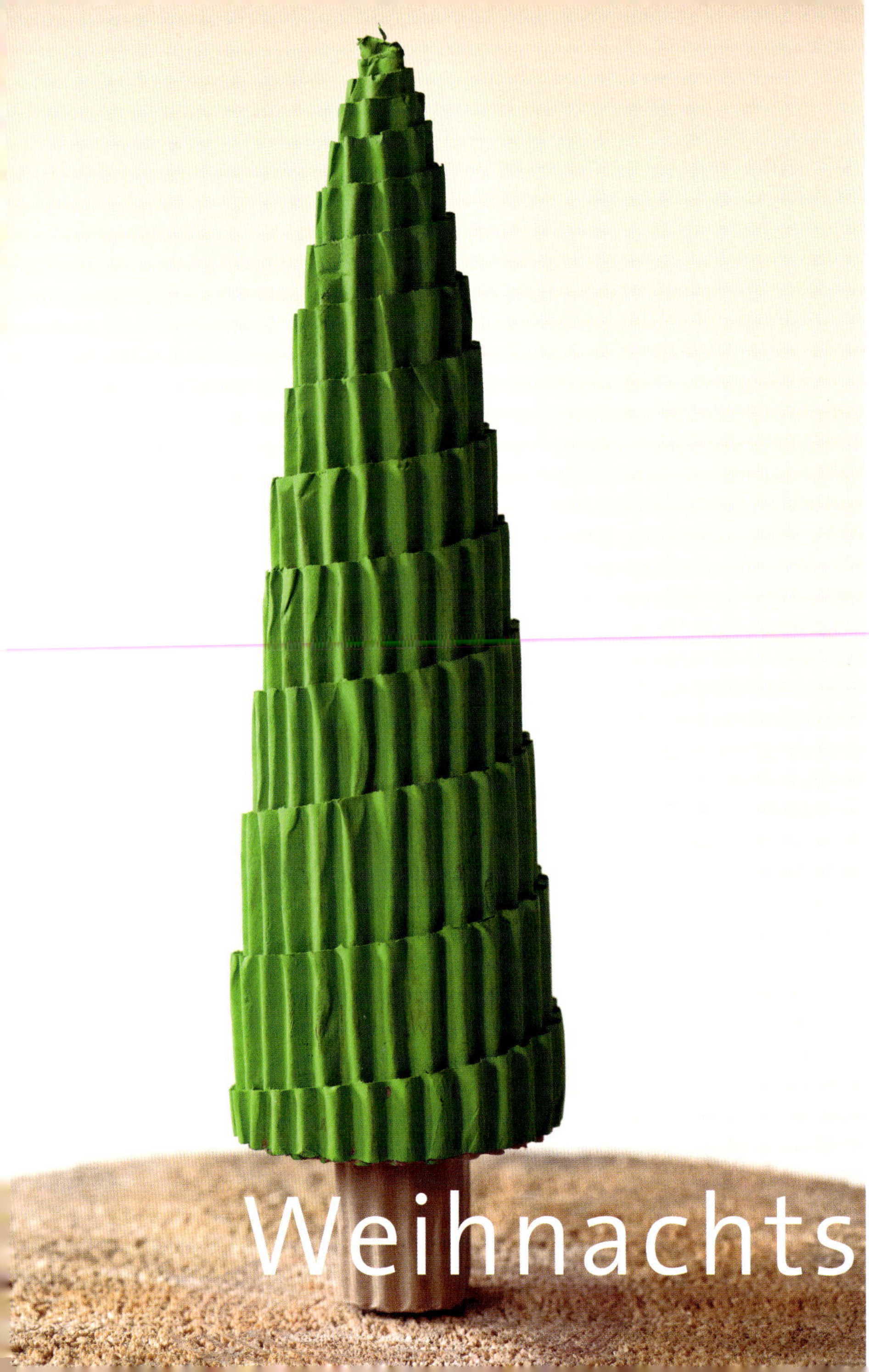

344

Alter: ab 3 Jahren
Materialien: 2 St. Wellpappe
(140 x 20 cm und 2 x 5 cm) sowie
grüne Hobbyfarbe

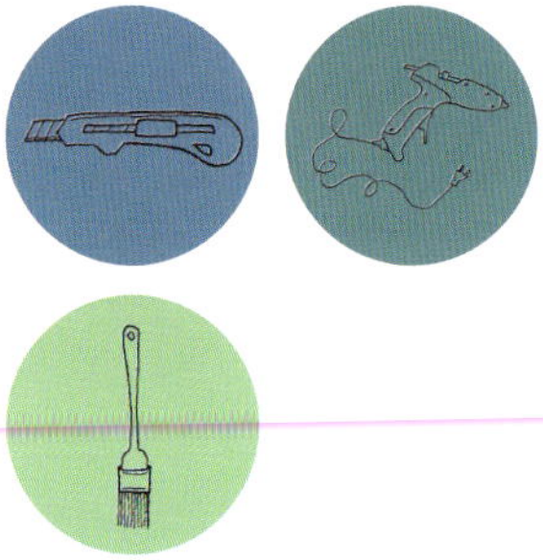

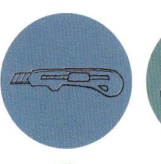

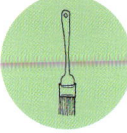

Schneide das große Stück Wellpappe in zwei lange Dreiecke.
Rolle ein Dreieck mit Klebstoff
zu einem Kegel zusammen.
(Das andere Dreieck brauchst
du nicht.) Rolle nun das kleine
Stück Pappe mit Klebstoff zu
einem Stamm zusammen. Klebe
ihn an den Kegel und bemale
den Baum grün.

Weihnachtsbaum

Hampelzwerg

Alter: ab 5 Jahren
Materialien: Pappe, Papier (farbig), Musterklammern, Foto vom Gesicht des Kindes, Schnur

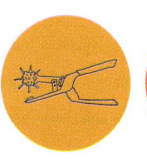

Schneide das Kindergesicht aus. Aus der Pappe schneidest du den Körper, die Wichtelmütze sowie seine Arme und Beine aus und beklebst sie mit Papier. Stich Löcher in Arme, Beine und dort in den Körper, wo Arme und Beine befestigt werden. Setze die Teile mit Musterklammern zusammen. Verbinde auf der Rückseite die Klammern von Schultern und Beinen jeweils mit einer Schnur. Befestige mittig an den Schnüren eine Zugschnur, sodass der Zwerg schön hampeln kann.

346 Weihnachtskarte

Alter: ab 3 Jahren
Materialien: Papier,
Briefumschlag, Filzstifte,
Glitzer und Plastikbeutel

Zeichne ein Weihnachtsbild. Schneide die Vorderseite des Briefumschlags heraus. Lasse dabei einen Rand von etwa 2 cm stehen. Schneide den Plastikbeutel passend zu den Maßen des Briefumschlags zurecht und klebe ihn in den Umschlag. Befestige die Zeichnung hinter dem Plastik und streue etwas Glitzer zwischen die beiden Lagen.

347

Großer
Engel

Alter: ab 5 Jahren
Materialien: Flasche, Klebeband
(gemustert), 6 Federn und Filzstift (schwarz)

Dekoriere die Flasche rundum mit Klebeband. Befestige Federn als Flügel an einer Seite. Beklebe den Deckel auch mit Band und schneide es zurecht. Male mit Filzstift Augen auf den Deckel und klebe aus rosa Klebeband einen kleinen Mund auf. Doppeltes Klebeband wird zu Haaren, indem du Fransen hineinschneidest und es am Deckel anbringst. Klebe den Deckel nun auf die Flasche.

348 Kleine Engel

Alter: ab 5 Jahren
Materialien pro Engel: 2 Zahnstocher, eine
Tortenspitze, eine Wattekugel, ein Pfeifenreiniger
(golden) und Hobbyfarbe (Schwarz und Blau)

 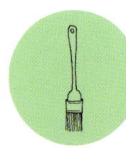 

Für den Körper faltest du die Tortenspitze zu einem Kegel und klebst ihn zusammen. Stecke einen Zahnstocher in die Wattekugel und klebe ihn fest. Bemale die Kugel mit Augen. Bohre mit einem anderen Zahnstocher ein Loch oben in den Kopf. Brich ein kleines Stück Zahnstocher ab und klebe es im Loch fest. Hieran klebst du einen Heiligenschein, den du aus dem Pfeifenreiniger biegst. Stecke nun den Kopf auf den Körper.

349

Kerzenhalter

Alter: ab 8 Jahren
Materialien: dünne
Holzplatte (8 x 15 cm),
Holzklötzchen (8 x 7 cm),
Bleistift, Nagel, Farbe, Glitzer
und Kerzenhalter

Zeichne einen einfachen Weihnachtsbaum mit Stern auf die Holzplatte und säge ihn aus. Bemale Baum und Klötzchen. Bestreiche den Stern mit Klebstoff und streue Glitzer darauf. Bohre ein Loch für den Kerzenhalter. Befestige ihn. Nagle den Baum an die Rückseite des Holzklötzchens.

350

Alter: ab 2 Jahren
Materialien: Kinderzeichnung und
selbstklebende Buchfolie

Zeichne mit einem Zirkel einen Halbkreis auf eine Zeichnung, ausgehend von der Ecke des Papiers. Schneide den Halbkreis aus, klebe Buchfolie darüber, die du an einer Seite 5 mm überstehen lässt. Biege die Tüte rund und klebe sie seitlich mithilfe der überstehenden Folie zusammen. Schneide nun noch einen Henkel (1 x 20 cm) aus der Zeichnung aus, beziehe ihn auch mit Folie und klebe ihn an die Tüte.

Weihnachtstüte

351

Alter: ab 6 Jahren
Materialien: Papier (gemustert,
dünn), Bleistift, Klebeband
(gemustert) und Schablone

Zeichne mithilfe der Schablone zwei Formen auf Papier. Beklebe sie mit Klebebandstreifen (Richtung: siehe Schablone). Lasse dabei immer etwas Band überstehen. Schneide dann die Formen aus, lasse dabei die Klebebänder an der geraden unteren Kante ruhig etwas länger. Schneide nun zwischen den Klebestreifen bis kurz vor der Rundung ein. Flechte jetzt beide Herzen im rechten Winkel ineinander und falte die Überlänge der Streifen nach hinten um.

Klebebandherz

352
Weihnachts-
herz

PALMA ZÅR

Alter: ab 6 Jahren
Materialien: Bleistift, Papier,
Kinderbild (auf dünnes Papier
gedruckt) und Schablone

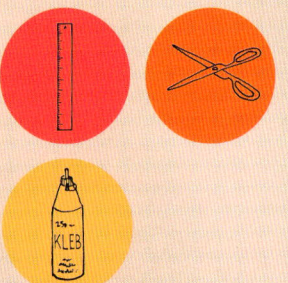

Zeichne mithilfe der Schablone eine Form auf das normale Papier und eine auf das Kinderbild. Schneide diese Herzteile aus, schneide die Streifen ein und flechte das Herz. Als Aufhänger einen Streifen von 1 x 12 cm in der Mitte biegen und in die Herzmitte kleben.

353

Alter: ab 6 Jahren
Materialien: ein Stück Pappe
(5 x 8 cm), Schnur (30 cm) und
Klebeband (gemustert)

Klebe das Band in Streifen auf die Karte. Knipse mit der Lochzange sowohl Löcher zur Zierde als auch eines für die Schnur in die Karte. Fädle zum Schluss die Schnur hindurch.

Geschenk-anhänger

354

Zutaten:
Plätzchen: 190 g Mehl, 4 Tl.
Vanillezucker, 125 g Butter, 100 g
Zucker und 1 Ei
Dekoration: Puderzucker, Eiweiß und
Kuchendeko

Mische Vanillezucker und Mehl. Verknete das Mehl nun mit Butter, Zucker und Ei. Halbiere den Teig und rolle eine Hälfte mit dem Nudelholz aus. Stich die Plätzchen mit Ausstechformen aus und lege sie auf ein mit Backpapier belegtes Backblech. Wiederhole das Ganze mit der anderen Teighälfte und backe dann die Plätzchen (6 Min./200 Grad).
Verrühre etwas Puderzucker und Eiweiß zu einer Glasur. Wenn die Plätzchen aus dem Ofen kommen, werden sie mit Glasur und Kuchendeko verziert.

Weihnachtsplätzchen

355 Weihnachts  traum

Alter: ab 3 Jahren

Einen Weihnachtsbaum draußen im Freien zu haben,
ist für Kinder etwas ganz Besonderes. Vor allem, wenn
es schneit und die Schneeflocken auf dem Schmuck
liegen bleiben. Schmücke also deinen Garten, die
Pflanzen auf dem Balkon oder hänge einfach Weih-
nachtsschmuck an einer Schnur außen vors Fenster.

Findus' Weihnachtsbaum

Alter: Erwachsener
Materialien: Zweige, dicker Ast
oder Stamm, zwei Hölzer als
Fuß und rote Farbe

Wer kennt sie nicht, den kleinen Kater Findus und seinen
Besitzer Petersson? Sie wis-
sen, wie man einen Weih-
nachtsbaum selbst bastelt:
Bemale den Stamm rot und
bohre etwas schräg Löcher
hinein, in die du dann die
Tannenzweige steckst.

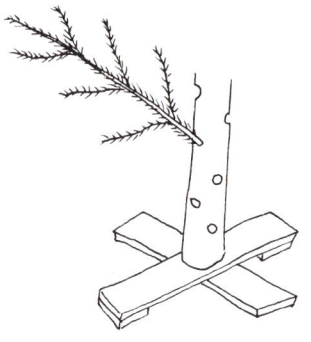

357 Weihnachtsreis

Zutaten für 4 Pers.: 250 g Milchreis, 1 l Vollmilch, eine Mandel und etwas Salz

In Dänemark isst man an Weihnachten gerne Milchreis zum Nachtisch. Es ist Brauch, eine einzige ganze Mandel im Milchreis zu verstecken. Wer die in seiner Schale findet, bekommt ein Extrageschenk!
Wer keine Zeit für langwieriges Rühren hat, kann Omas Garmethode nutzen: Wasche den Reis in einem Sieb.

Koche Reis und Milch in einem Topf auf. Lasse das Ganze 10 Min. unter ständigem Rühren simmern, gib die Mandel dazu. Passe dabei auf, dass nichts anbrennt. Packe jetzt den Topf in Handtücher, stelle ihn unter die Bettdecke und decke ihn gut zu. Nach 1,5 Stunden ist der Milchreis fertig und immer noch warm.
Erwärme ihn ein letztes Mal auf dem Herd und schmecke ihn mit etwas Salz ab. Serviere den Milchreis mit Zimtzucker und einem Klecks Butter!

358 Vogel

Alter: ab 4 Jahren
Materialien: Fotokarton,
Filzstift, Papier (gemustert) und
Schnur

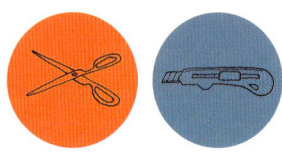

Zeichne einen Vogel auf den
Karton und schneide ihn aus.
Schneide ein Stück gemus-
tertes Papier (10 x 14 cm) für
die Flügel zurecht und falte es
wie einen Fächer. Ritze einen
Schlitz in den Vogelrücken,
stecke den Fächer hindurch
und biege die Flügel zurecht.
Befestige abschließend noch
eine Schnur zum Aufhängen
am Vogelkopf.

359 Sandwichpakete

*Zutaten für 8 St.: Toastbrot,
4 Scheiben Schinken, ½ Gurke,
4 El. Mayonnaise, 2 El. Joghurt,
Salz und Pfeffer*

Verrühre die Mayonnaise mit dem Joghurt, schmecke sie mit Salz und Pfeffer ab. Bestreiche das getoastete Brot damit. Schneide die Gurke in dünne Scheiben und belege das Brot mit Gurke sowie Schinken. Schneide jedes Sandwich nun in vier Stücke und binde wie bei kleinen Päckchen eine Schnur darum. So verpackt schmecken belegte Toasts gleich noch besser!

360

Holz wichtel

Alter: ab 4 Jahren
Materialien: Holzstock
(ca. 10 cm lang), Nagel,
Schnitzmesser, Filzstift,
Hobbyfarbe (Rot), weiße Perle

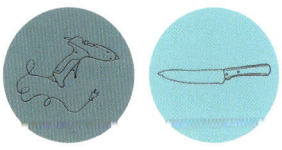

Schnitze den Stock am
oberen Ende konisch zu.
Male die Spitze, also die
Mütze, rot an und zeichne
zwei Augen in die Mitte.
Als Abschluss oben auf die
Mütze eine weiße Perle kle-
ben oder nageln.
Suche am besten Stöcke, die
Zeichnungen oder Astlöcher
haben und wie ein Gesicht
aussehen.

361 Gewickelter Tannenbaum

Alter: ab 5 Jahren
Materialien: Pfeifenreiniger (grün), Sternchen-Paillette und Weinkorken

Bohre mit der Ahle ein Loch in den Weinkorken und stecke einen Pfeifenreiniger als Baumstamm hinein. Wickle die anderen Pfeifenreiniger als Zweige um den Stamm und klebe die Sternchen-Paillette oben auf die Spitze.

Winter-muffins

362

Muffins:

Zutaten für ca. 20 St.: 100 g Schokolade, 3 Eier, 400 g Zucker, 150 g Butter, 300 g Mehl, 2 Tl. Backpulver, 3 Tl. Vanillepulver und 150 ml Milch
Materialien: Muffinform, Muffinförmchen

Lasse die Schokolade schmelzen. Verquirle Ei und Zucker. Lasse die Butter schmelzen, kühle sie etwas ab und rühre sie unter die Eiermasse. Vermische Backpulver, Mehl und Vanille. Gib abwechselnd Mehl und Milch zum Teig. Rühre zudem die geschmolzene Schokolade unter. Setze die Förmchen in die Muffinform und verteile den Teig, sodass sie etwa zur Hälfte gefüllt sind. Backe die Muffins (200 Grad/ 12 Min.).

Dekoration:

Zutaten: Zuckerguss, Lebensmittelfarbe (Blau), Fondant, Schneeflockenausstecher (Zuckerguss und Fondant sind im Fachhandel erhältlich).

Rolle das Fondant dünn aus, stich mit dem Ausstecher Schneeflocken aus und lasse sie trocknen. Verquirle den Zuckerguss gemäß Packungsanweisung mind. fünf Minuten lang, damit die Masse schön steif wird. Mische die blaue Farbe unter den Zuckerguss und spritze ihn dekorativ auf die Muffins. Setze die Schnee-flocken obendrauf.

363 Stille Knallbonbons

Alter: alle
Materialien: Süßigkeit,
Krepppapier, Schnur,
Pailletten und Pappe

Schneide aus der Pappe Streifen (12 x 0,5 cm) zurecht und beschrifte sie mit kurzen Grüßen oder Aufgaben. Schneide das Krepppapier in Stücke (je 12 x 12 cm). Falte das Papier mit einem Pappstreifen darin wie ein Bonbon. Streue ein paar Pailletten zwischen die Papierlagen. Verschließe das Bonbon mit Schnüren an beiden Enden.

364

Alter: alle
Materialien: kleine Stücke Papier,
Band und Marmeladenglas

Die ganze Familie schreibt je
einen Neujahrsvorsatz auf
ein Stück Papier. Etwa: »Ich
werde das Radfahren oder
einen Kopfsprung lernen.«
Wer noch nicht schreiben
kann, darf auch zeichnen.
Steckt alle Zettel ins Glas
und verschließt es. Nach
einem Jahr öffnet ihr das
Glas und tauscht die Zettel
gegen neue Vorsätze aus.

Neujahrsvorsatz

365 Silvesterhut

Alter: ab 6 Jahren
Materialien: Fotokarton
(gemustert), Pompon, Glitzer-
sowie Gummiband

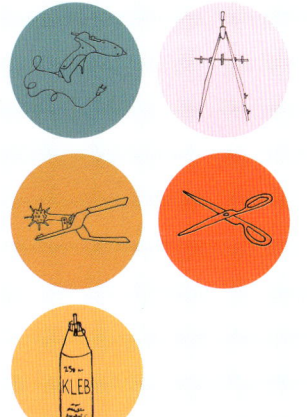

Zeichne, ausgehend von einer
Ecke, einen ca. 18 cm hohen
Halbkreis auf Karton. Bestreiche eine Seite mit Klebstoff und
biege das Ganze zu einem Kegel.
Gib etwas Klebstoff an die Spitze
und den Rand des Hutes. Befestige Pompon und Glitzerband
daran. Stich Löcher in die Seiten
des Hutes und fädle das Gummiband als Halterung hindurch.

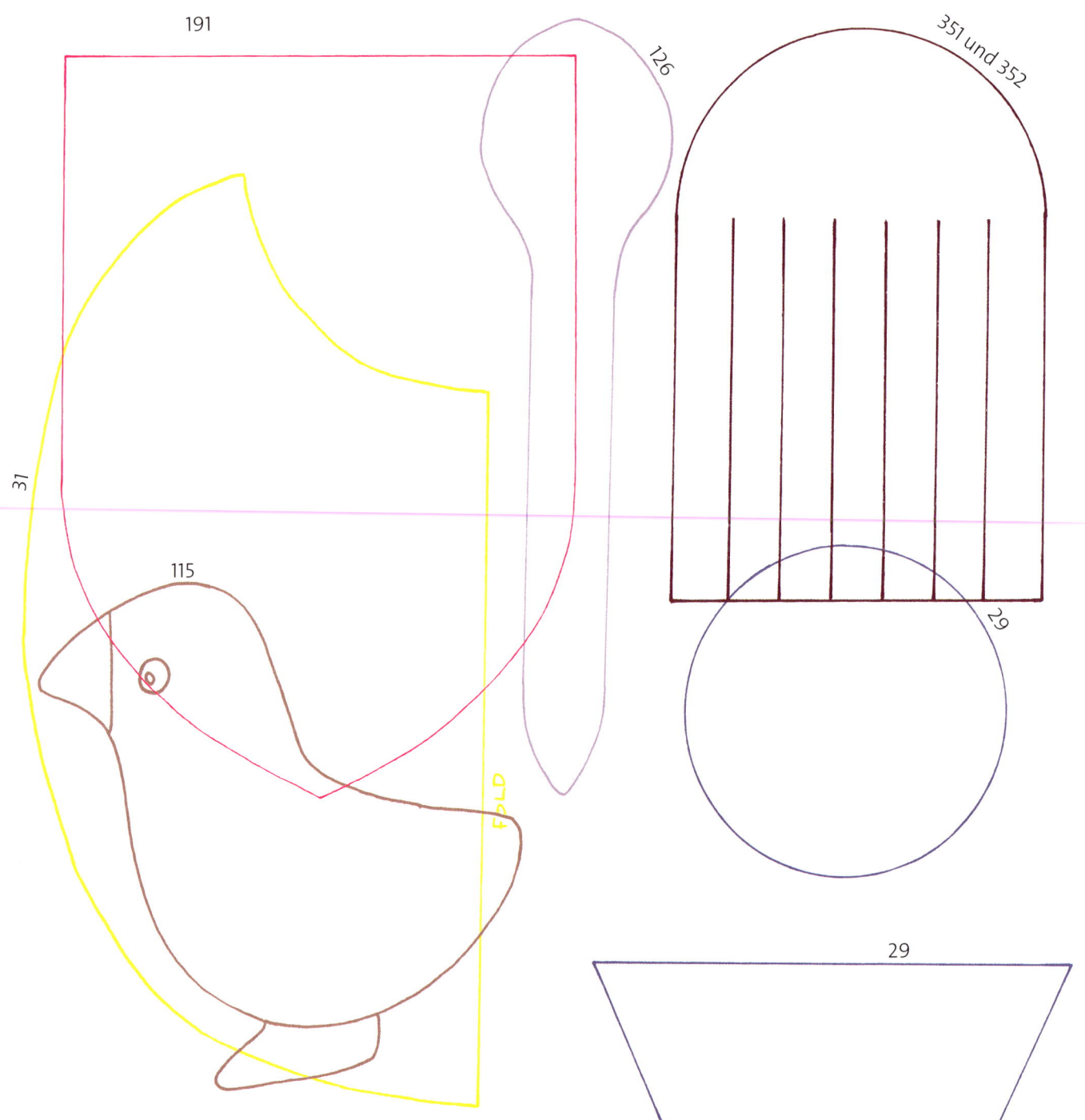

191

126

351 und 352

31

115

FOLD

29

29

301

281

FALZ

36, 276 und 321

278

281

16

43

43

267

267

FALZ

38

42

39

42

17

J21

17

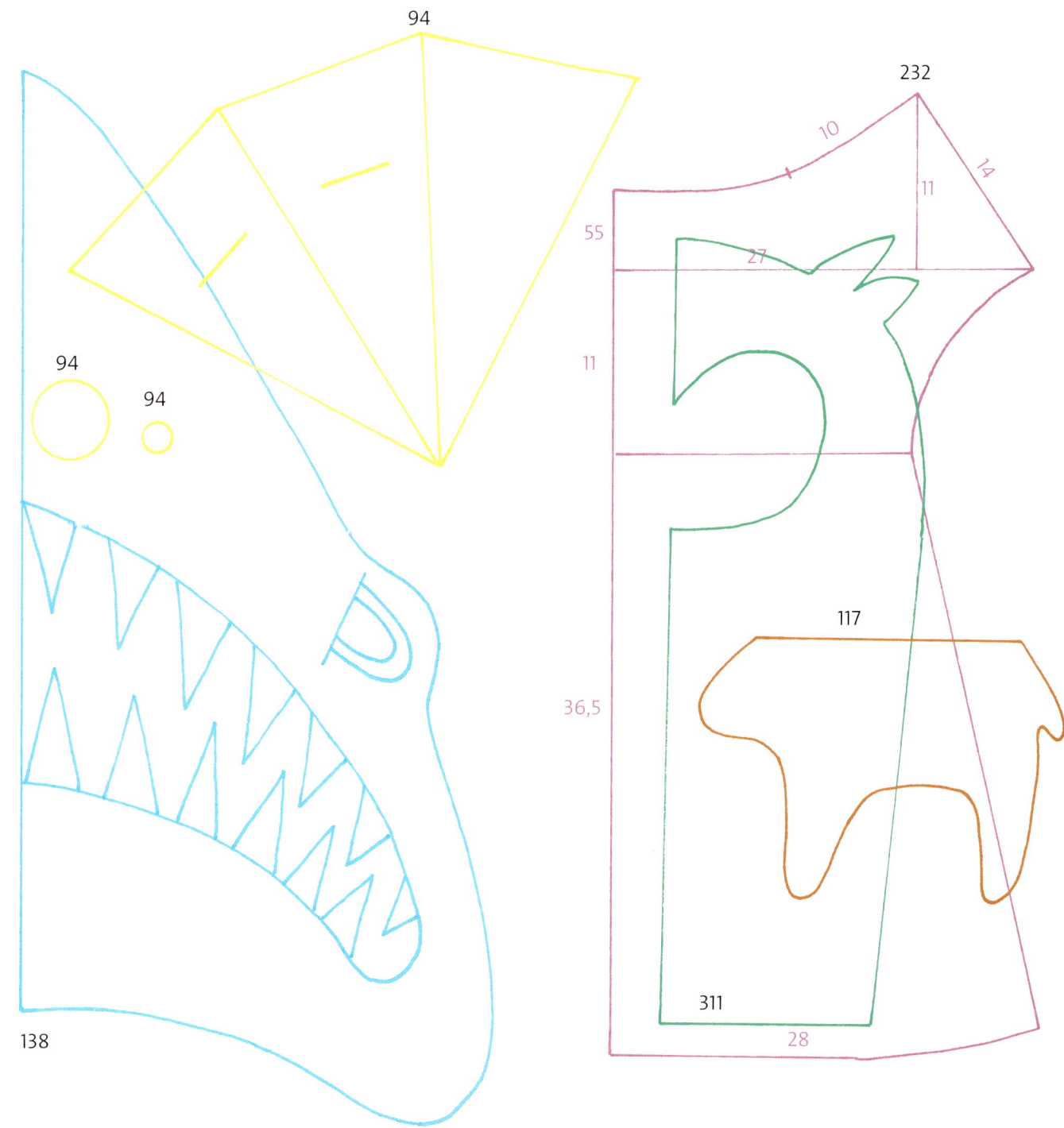

94

94

94

138

232

10

11

14

55

27

11

36,5

117

311

28

22

13

116

FALZ

170

314

136

139 und 318

64

210

136

240

105

146

146

146

146

321

321

321

321

Danksagung

Danke an Panduro-Hobby für die Materialien.

Danke an all die Kleinen, die so geduldig für die Fotos posiert haben:
Alfa, Inès, Barbara, Manon, Florian, Philip, Palma, Amalia, Bianca, Eddie, Ellen, Magne, Josephine, Elliot, Flora, Isabella, Laura, Noa, Marie, Clara, Smilla, Livia und Mathilde.

Besonderer Dank für die Hilfe zu folgenden Ideen gilt:
Barbara für Idee 63, 86, 133 und 134;
Ellen für Idee 245;
Florian für Idee 27, 52, 92, 108, 115, 166, 178, 197 und 255;
Geske für Idee 33, 243, 259, 268, 272, 273 und 310;
Holger für Idee 145;
Inès für Idee 52, 114, 139, 331, 335 und 350;
Jelena für Idee 298;
Livia für Idee 125;
Manon für Idee 8, 44, 45, 49, 52, 61, 137, 143, 160, 179, 182, 193, 235, 275, 346 und 358;
Pernille für Idee 54, 55, 140, 141, 263, 264, 270, 305 und 360;
Philip für Idee 52, 256 und 332;
Rasmus für Idee 93, 206, 235, 343 und 356;
Sebastian für Idee 117.

Hinweis

Bildnachweis

Fotos:
© 2012 Louise Kontala
1, 2, 3, 5, 7, 8, 9, 10, 11, 13—27, 29—35, 38, 39, 42, 45—47, 50—53, 56, 57, 61, 62, 65—69, 71, 74, 76—80, 82, 83, 88—91, 94—95, 97, 99, 101, 104, 110, 116, 118—128, 132, 134—137, 142, 143, 146—148, 150, 152, 155—162, 164—167, 170—173, 185—187, 190, 191, 194, 197, 198, 208, 210, 214, 217, 218, 225, 227, 230, 240—244, 247, 250—254, 258, 259, 262, 265, 267—270, 272, 273, 275—283, 286, 287, 295, 303, 305, 306, 308, 311, 312, 314, 316—319, 323—326, 328, 329, 333, 335, 338, 340—342, 344, 346—353, 357, 360, 361 und 363—365

© 2012 Monica Bach
6, 12, 28, 36—37, 48, 59, 60, 75, 81, 84, 87, 98, 130, 131, 151, 154, 168, 169, 180—181, 184, 193, 200—202, 205, 215, 219—223, 226, 228, 232, 234, 236, 239, 245, 249, 257, 260, 261, 266, 289, 300—302, 304, 310, 321 und 322

© 2012 Andreas Wiking
73, 100, 112, 113, 188—189, 216, 233, 237, 248, 256, 263, 290, 293, 294, 298, 299, 307, 330, 332, 345, 355 und 359

© 2012 Kasper Thye
64, 72, 96, 108, 109, 114, 334, 339, 343 und 354

© 2012 Sabine Lemire
4, 40, 41, 43, 44, 49, 54, 55, 58, 63, 70, 85, 86, 92, 93, 102, 103, 105—107, 111, 115, 117, 129, 133, 138—141, 144, 145, 149, 163, 174—179, 183, 192, 195, 196, 199, 203, 204, 206, 207, 209, 211—213, 224, 229, 231, 235, 238, 246, 255, 264, 271, 274, 284, 285, 288, 291, 292, 296, 297, 309, 313, 315, 320, 327, 331, 336, 337, 356, 358 und 362

4. Auflage 2015
© Arena Verlag GmbH, Würzburg 2014
Alle Rechte vorbehalten
Die dänische Originalausgabe erschien 2012 unter dem Titel »365 TING DU KANN LAVE MED DIT BARN« bei Forlaget Carlsen – ein Verlag unter dem Lindhardt und Ringhof Verlag A/S, eine Gesellschaft im Egmont-Konzern
www.carlsen.dk   www.lemire.dk   www.lindhardtogringhof.dk

Idee und Text © 2012 Sabine Lemire
Grafische Gestaltung: Charlotte Flemmer
Übersetzung aus dem Dänischen: Eva Eckinger
Satz der deutschen Ausgabe: Malte Ritter
Redaktion der deutschen Ausgabe: Britta Vorbach
Das Buch wurde gesetzt aus der The Sans.
Gesamtherstellung: Westermann Druck Zwickau GmbH
ISBN 978-3-401-70405-0

www.arena-verlag.de

FSC
www.fsc.org
MIX
Papier aus ver-
antwortungsvollen
Quellen
FSC® C110508